L'ADOPTION ET SA FACE CACHÉE

DU MÊME AUTEUR

aux Éditions du Jubilé

Adopté dans le vide,
département Enfants du Fleuve, 2001.

Christian Demortier

L'ADOPTION ET SA FACE CACHÉE

Collection dirigée par Jean-Claude Didelot

Enfants du fleuve

ÉDITIONS DU JUBILÉ

ISBN : 978-2-8667-9443-9

Je dédie ce livre à tout adopté de toute origine,
et à ceux qui sont soucieux
d'une remise en question de l'adoption plénière,
en vue d'une réflexion plus profonde et plus juste
orientée vers les droits et l'épanouissement de l'enfant.

Avant-propos

du directeur de collection

La collection « Enfants du Fleuve » avait accueilli d'emblée *Adopté dans le vide* de Christian Demortier tant ce témoignage personnel contribuait à enrichir ce panorama de la jeunesse de notre temps qu'elle s'efforce de dessiner. D'ailleurs l'ouvrage, porté par un constant bonheur d'expression, a rencontré un succès de librairie qui ne se dément pas. Le bouche à oreille a relayé la première curiosité du public. C'est un signe qui ne trompe pas.

On ne censure pas un témoignage personnel pour peu qu'on en ait vérifié l'authenticité et, éventuellement, gommé les possibles complaisances, pas plus qu'on ne censure une étude scientifique pour peu qu'on en ait examiné la rigueur et, si besoin est, estompé les obscurités. Le tout est qu'il n'y ait pas ambiguïté sur le statut.

C'est ce statut qu'il convient de préciser ici. Il ne s'agit pas d'un témoignage personnel… mais pas encore d'une étude scientifique, et on risquerait d'égarer le lecteur si on n'attirait son attention sur les limites de l'ouvrage.

Certes, l'auteur fait état de nombreuses contributions spontanées, mais celles-ci ne sauraient conduire à des conclusions générales. Il n'y prétend d'ailleurs pas. Sa réflexion, les confidences qui la nourrissent, sont le fruit d'une trajectoire personnelle entrée en résonance avec d'autres itinéraires qui la confortent. Une autre expérience aurait sans doute conduit à une autre réflexion, suscité d'autres confidences. C'est que le sujet est particulièrement sensible et il ne faudrait pas que cette lecture, mal interprétée, ne vienne ouvrir artificiellement des blessures. Le talent de l'auteur est grand, sa sincérité évidente, sa lucidité sans faille, son émotion prenante, mais il n'impose pas une norme.

Oui, il est des adoptions internationales parfaitement réussies. Oui, il est des familles heureuses. Oui, il est des amours comblés par-delà ou grâce à la différence des origines. Oui, il est des crises d'adolescence qui ne sont rien d'autres que des passages...

Christian Demortier attire notre attention sur un autre versant. Nous avons considéré qu'il était de notre responsabilité de l'écouter et de donner à sa plainte – à la plainte de beaucoup, mais pas de tous – l'audience qu'elle mérite.

Qu'a-t-il entendu ? Que dit-il ?

Un grand malentendu, un grand silence, l'un portant l'autre. Le malentendu né d'une insuffisante réflexion avant l'adoption. Le silence lorsque surgissent les difficultés. La décision d'adopter, les épreuves qui s'ensuivent sont sans doute constitutives de la nature humaine, de ce grand désir d'enfant qui habite naturellement l'homme et la femme. Inutile d'habiller ce désir tellement normal, tellement humain, d'un air du temps qui fausse tout. Inutile de draper l'adoption internationale d'habits qui ne lui vont pas. Ainsi dérape-t-on de l'amour à l'idéologie.

À ceux qui envisagent d'adopter, l'auteur conseille la réflexion et la vérité sur soi-même, au-delà du discours destiné aux services sociaux qu'il faut convaincre ou aux proches qu'il faut rallier. À ceux qui, adoptés ou adoptants, sont déjà engagés, nous proposons de faire étape sur la voie si belle et le plus souvent si heureuse ou tant d'autres avant eux ont trouvé un vrai bonheur. Une étape consacrée au dialogue.

Préface

> *Dans le cas des adoptions, on ne parle que des réussites. Les échecs sont encore niés ou critiqués. L'échec, dans l'adoption, se double donc d'un second : celui de l'incompréhension des effets de l'adoption vécus dans un isolement coupable.*
>
> Bim Tilak

Beaucoup de livres sont consacrés aux parents adoptifs et à leur parcours du combattant, à leurs difficultés d'adopter, mais peu traitent de la difficulté d'être adopté, *a fortiori* si l'on vient d'un pays étranger.

Pourquoi l'adoption existe-t-elle ? Pourquoi a-t-elle tant de succès en Occident ? Pourquoi est-elle considérée comme une solution idéale alors que l'on n'évoque que trop rarement ses aspects douloureux et complexes ? Comment expliquer l'abandon ? Quelles sont les motivations cachées de l'adoption internationale ? Quels sont les troubles rencontrés chez les adoptés d'origine étrangère ?

Que ressentent les adoptés par rapport à leur adoption, et lors de leur retour au pays d'origine ? Quels sont les malaises chez l'adopté ? Quels sont les rapports entre inné et acquis ? Que penser de l'adoption plénière, homoparentale, monoparentale ? La liste des questions pourrait s'allonger encore.

Ces questions sont le fait de mon expérience personnelle d'adopté, mais également le fruit de mon expérience de terrain[1] où j'ai rencontré des adoptants, des psys, des responsables d'organisme d'adoption, qui m'ont souvent surpris par le manque d'informations, d'analyse et de compréhension quant aux effets complexes de l'adoption sur la relation adoptant/adopté.

Aussi, j'espère que ce livre apportera quelques éclaircissements nécessaires en vue d'un plus grand respect du vécu de la personne la plus importante du processus d'adoption : l'enfant adopté, et plus particulièrement lorsqu'il s'agit d'une adoption hors de son pays d'origine.

Tout au long de l'ouvrage, je défendrai plutôt l'adoption *simple* préconisée en Polynésie qui permet à l'adopté de bénéficier de parents européens tout en n'étant pas coupé de son milieu familial et de son pays d'origine, alors que l'adoption plénière suppose une rupture totale avec les liens familiaux et la culture du pays d'origine.

---

1. J'ai été amené à répondre aux questions des journalistes. J'ai participé à une quinzaine d'émissions de radio et de télévision en France, en Belgique, en Suisse et en Espagne. On trouvera ainsi dans ce livre des questions provenant d'émissions de radio et de télévision, d'articles de presse et de conférences. J'ai sélectionné les questions les plus intéressantes, les plus courantes et les plus dérangeantes. J'ai complété ici les réponses qui présentent un intérêt pour le lecteur.

CHAPITRE 1

LES MOTIVATIONS DES PARENTS ADOPTIFS

Qu'on arrête d'assimiler la souffrance des parents adoptifs à celle de l'adopté. Les parents adoptifs souffrent, car ils culpabilisent de ne pas être de bons parents et les adoptés souffrent, parce qu'ils ont honte d'avoir été abandonnés si brutalement par leur mère de naissance.

Arthur SEFTON

Comment en êtes-vous venu à une réflexion sur les motivations des parents adoptifs ?

Ce qui m'a toujours gêné, c'est qu'on présente tous les parents adoptifs comme des êtres exceptionnels qui fournissent une atmosphère chaleureuse, attentive et aimante dans laquelle l'enfant adopté va grandir et se développer, alors que de nombreux parents biologiques me disent avoir tant de mal à apporter du bonheur à leur propre enfant ! Mon expérience d'adopté et de terrain m'a amené à poser la question des motivations cachées des parents adoptifs, qui sont parfois loin de l'acte humaniste dont on les honore en permanence. Les parents adoptifs souffrent comme les autres, et ils n'ont pas à se montrer comme des « super parents » qui vont résoudre tous les problèmes grâce à leur amour.

Vous faites une différence entre le besoin et le désir d'enfant ?

Chacun a sa définition personnelle, mais je dirai que le besoin est rationnel, le désir est irrationnel. Le besoin, c'est l'impatience, sans l'idée de plaisir et de respect de l'autre. Le besoin d'enfant est conscient, programmé, alors que le désir est inconscient, c'est-à-dire quelque chose qui vous prend de manière pulsionnelle et en contradiction avec des objectifs conscients. Le besoin est lié à un perfectionnisme absolu. Le besoin existe quand il y a un manque. L'enfant pourrait être accueilli comme un être de remplacement plutôt que pour lui-même. On pense à ces femmes ayant fait des fausses couches et qui essaient de remplir leur vide à défaut d'avoir donné la vie. Il y a un surinvestissement incroyable et l'enfant devra répondre à cet idéal.

Quand on a la volonté mentale d'avoir un enfant, et que cette volonté est liée à un idéal attendu dans l'urgence, cela crée un stress inéluctable qui aboutit à l'échec de la relation parent-enfant. Si l'on n'a pas les moyens d'accepter la réalité, on devient obstiné, et cette obstination aboutit à l'échec. On devient hargneux, violent contre le système au lieu d'effectuer un travail thérapeutique. Nous avons parfois besoin de revenir en arrière pour mieux rebondir et avancer dans la vie. Le cadeau empoisonné de la société de consommation est de permettre d'oublier d'être soi et d'éviter de faire un travail sur soi, pour penser que toutes les solutions proviennent de l'extérieur, dont l'adoption d'enfant.

Le désir d'enfant est universel...

Nous sommes tous porteurs d'un enfant imaginaire, enfant merveilleux du rêve, celui que nous avons été ou que nous aurions voulu être pour nos parents. Pourtant, l'enfant imaginaire devra disparaître au profit de l'enfant réel. Pour certains parents adoptifs, l'enfant imaginaire est chargé d'idéalisation : on va lui sauver la vie, il s'épanouira grâce à l'amour que nous lui donnerons, malgré les carences affectives et alimentaires, ou les ruptures subies. On ne parle que d'amour dans l'adoption, on ne parle pas de l'absence d'amour dû au déracinement brutal vécu par l'adopté, et ses conséquences.

Il est à mon sens erroné de demander aux parents adoptifs de renoncer au rêve de l'enfant désiré, car la réalité porte souvent l'empreinte d'une blessure (par exemple, la stérilité ou la mort d'un nouveau-né, la peur d'être enceinte, la peur que le corps change, ou encore le refus de procréer qui vient aussi d'une peur de faire l'amour, etc.). Ces blessures ne peuvent être dépassées que par le rêve d'un idéal de perfection. On rêve d'apporter le meilleur à l'enfant, d'apporter ce que la nature nous a refusé de vivre à cause de ses imperfections inadmissibles. Il s'agit pour certains futurs parents de compenser l'imperfection de la nature par la perfection du désir, le perfectionnisme du rêve de l'enfant idéalisé.

Lors d'un débat à la télévision belge, vous parliez des motivations de vos parents concernant votre adoption, motivations enracinées dans un cadre historique.

Mes parents sont nés peu de temps avant la Deuxième Guerre Mondiale, ma mère en 1936 et mon père en 1938. Leurs familles respectives ont vécu la privation, la misère, le rejet et les déplacements de population. Qu'est-ce que l'adoption ? Le déplacement d'un être pauvre dans un autre lieu plus favorable. Je pense que l'adoption est née en Occident de cette volonté de réparer l'humiliation de la pauvreté, une manière de réparer cette pauvreté en l'exorcisant par la venue d'un petit être sans défense. Pour oublier cette pauvreté, il faut montrer cet acte, le faire valoir aux autres. Si l'adoption était gratuite, il y aurait sans doute moins d'adoptions par ce type de personnes complexées de leur ancien statut économique et social. Par ailleurs, une perception erronée de la religion catholique tend à penser que l'on peut racheter ses péchés et « payer » sa pénitence par l'adoption pour avoir sa place au Paradis. Mes parents étaient imprégnés par la religion catholique dans leur chair. Cette perception réductrice impose ce devoir de sauver les âmes malades et réprouvées, celles qui prennent un chemin éloigné de celui de Dieu. L'adopté fait partie dans leur mémoire inconsciente de ces âmes perdues. Les parents adoptifs doivent conduire l'enfant sur le chemin de la bonté de Dieu. D'où les exigences encore actuelles de certains parents adoptifs vis-à-vis de leur enfant pour vivre dans le bien, la propreté et la perfection.

Vous parlez des motivations cachées, inconscientes, de vos parents quant à votre adoption. Pensez-vous que beaucoup de parents soient ainsi à la limite du pathologique ?

Les futurs parents adoptifs devraient entreprendre une thérapie individuelle avant et après l'adoption. Ils se rendraient compte que l'adoption peut être une manière de résoudre artificiellement des problèmes de couple, d'anxiété, d'identité, sexuels, des souffrances, qui ont des racines dans leur histoire et leur caractère individuels.

La plupart des parents adoptent parce que l'un ou l'autre ne peut enfanter. Prenons l'exemple d'un type de mère adoptive : elle peut se rendre compte par l'expression de son vécu qu'elle a eu une enfance rigide, un père ou une mère autoritaire. Comment voulez-vous avoir un enfant, s'aimer pour avoir le plaisir de produire le fruit de l'amour si l'un ou l'autre parent considérait la féminité ou le désir féminin comme un sentiment inadmissible à extérioriser ? J'ai connu des mères adoptives qui avaient été violées dans leur enfance et qui n'ont pratiquement jamais eu ou voulu de rapports sexuels. La volonté d'avoir un enfant à tout prix peut cependant cacher la douleur non assumée de son traumatisme. Certaines femmes déprimées peuvent vouloir compenser leur vide existentiel par un rôle maternel. Je leur dis : « On parle beaucoup d'amour dans l'adoption, à défaut de comprendre ses conséquences. »

Il s'agit donc de faire une thérapie non pour résoudre ses problèmes, mais pour les comprendre, ensuite pour avoir du recul par rapport à l'adopté, et éviter des projections de ses propres frustrations et névroses. Si les parents font une thérapie, l'enfant sera mieux protégé des agressions éventuelles de chantage, des préjugés racistes, des remarques désobligeantes que ses parents ne peuvent pas exprimer avec autant de facilité et d'élan à leurs enfants biologiques.

J'invite aussi les parents adoptifs à suivre une thérapie, car ils commencent leur vie de parents avec une souffrance et même parfois une humiliation profonde, surtout pour la femme : celle de ne pouvoir enfanter. L'adopté arrive aussi dans le champ d'une nouvelle famille avec deux souffrances, et pas des moindres : celle d'avoir été abandonné et celle de devoir quitter son pays d'origine. D'un coup, il perd sa mère et sa terre mère.

Deux personnes en souffrance ne se rejoignent pas nécessairement tant que, de part et d'autre, ces souffrances n'ont pas été exprimées, évacuées et relativisées. Le moindre conflit prendra l'aspect d'une guerre à cause d'un conflit intérieur non résolu. L'adoption est une greffe, un corps étranger qui doit être considéré avec une possibilité de rejet, et non comme une appropriation qui doit répondre à l'idéal d'un produit sur mesure.

Lors de mes nombreux entretiens, j'ai été quelque peu effaré de voir la variété des motivations cachées, qui sont loin de l'intérêt de l'enfant. Certains vont adopter pour maintenir leur couple défaillant et montrer à la société que le couple est bien intégré socialement. Une Indienne a compris qu'elle avait été adoptée parce que ses parents étaient âgés et que sa mère voyait là un moyen de guérir son mari de la dépression. Dans son cas, la demande d'adoption est venue de la mère seule, auquel le conjoint n'a pas osé exprimer son refus profond. Ce n'est que plus tard que cette jeune fille s'est rendue compte avec effroi que son père ne l'avait jamais aimée, lui-même ayant souffert de rejet et de maltraitance dans son enfance. En fait, son père n'a jamais voulu devenir père pour ne pas réveiller ses propres douleurs d'enfant. Autres cas rencontrés : des femmes carriéristes, aisées, célibataires par choix qui, arrivées à l'âge de la quarantaine, veulent adopter un enfant, en général une petite fille. Elles ne veulent pas d'homme dans leur vie et veulent adopter seules. Autre motivation : le remplacement d'un enfant perdu, mort en couches ou plus tard. Quand on remplace un enfant mort par un adopté, celui-ci ne peut exister en lui-même. Il risque de n'être que la « réincarnation » idéalisée de celui qui a disparu, sans pouvoir être vraiment lui-même. Il y a aussi des femmes qui refusent d'enfanter de peur de perdre leur silhouette de jeune fille. Ou encore des gens fortunés qui veulent apporter le bonheur matériel à un déshérité, plutôt que de donner leur héritage à une personne de leur famille qu'ils n'aiment pas. On adopte aussi parce que l'un des parents est porteur d'une maladie grave, et qu'il veut un enfant pour assurer sa descendance.

Vous dites qu'on adopte plus facilement une fille qu'un garçon, car la tradition des mythes populaires est basée sur la transformation d'une fille de condition modeste en princesse, l'homme de condition modeste devenant guerrier ou homme d'affaires, ce qui alimente moins le romantisme des parents adoptifs.

Le cas de Cendrillon est connu. Cendrillon est orpheline de mère, son père s'est remarié et elle a des demi-sœurs, filles biologiques du père et de la marâtre.

Cendrillon, parce qu'elle est considérée comme non biologique et donc impure, est reléguée aux « cendres » (c'est-à-dire aux fourneaux). Les parents adoptifs, surtout les femmes, ont été imprégnées par ces thèmes. Ils vont faire office de « fée » (de « fatum », qui veut dire destin), un être imaginaire (parent imaginaire) de forme féminine aux pouvoirs surnaturels, qui change le destin des humains, qui transforme de pauvres êtres, surtout des filles, en êtres souriants, aisés et heureux. Souvent, le conte se termine par cette moralité : « La bonne grâce est le vrai don des fées : sans elles, on ne peut rien, avec elles, on peut tout. » Et voilà comment les adoptés commencent à se sentir redevables vis-à-vis des « fées » ! Beaucoup de mères parlent souvent de leur fille adoptée comme de leur petite princesse. Elles voient, dans leurs rêves d'exotisme, des Asiatiques raffinées et si élégantes dans leur tenue de « princesses ». Les clichés et les mythes populaires liés à ces thèmes ont la vie dure et ils imprègnent l'inconscient collectif occidental. Ces images toutes faites, idéales et exotiques, empêchent les gens d'accepter l'autre comme il est : complexe et réel. En même temps, l'adopté est obligé de se simplifier. Les mères adoptives supportent difficilement de voir en leurs filles adoptives un côté rebelle et intellectuel aux antipodes de l'Orientale « soumise et lascive ». De même, de nombreuses filles adoptées divorcent parce que leur mari ou compagnon ne voient en elles que l'exotisme, la douceur, l'élégance permanente et la soumission. La princesse a des atouts, elle doit avant tout plaire au Prince et à la société.

Vous avez été intrigué par un autre cas de parents adoptifs féconds et qui voulaient adopter un enfant.

Il s'agit d'une jeune femme suisse que j'avais rencontrée sur un plateau de télévision. Elle était mariée et avait adopté une petite Africaine. Bien sûr, petit documentaire sur les aspects positifs : rires, sourires, humour, jolie maison, dialogue ouvert, etc. J'étais surpris de voir cette femme si belle accompagnée d'un homme si beau ne pas avoir d'enfant elle-même ! Je finis par déjeuner avec elle le lendemain de l'émission et elle me révéla une motivation cachée que j'ai interprétée comme telle : des parents qui peuvent engendrer veulent un enfant d'une autre origine, d'une autre couleur de peau pour rompre la lignée familiale porteuse de tares ou d'un manque d'amour. Cette femme ne voyait plus ses parents depuis des années, et ils étaient racistes par-dessus le marché : y a-t-il plus beau pied de nez à des parents racistes que leur enfant adopte un Noir ? J'ai connu une autre histoire d'antiracisme qui s'est mal terminée : une femme non stérile décide d'adopter une petite fille noire avec son compagnon non stérile. Lors des lettres échangées avec elle, je ne sentais pas d'implication de son mari. Je voulais avoir son avis sur l'adoption. Il ne m'a jamais écrit. Elle me disait : « C'est un projet à deux, c'est même lui qui a insisté pour entreprendre les démarches. Cela m'a touché et on a commencé, et c'était une belle aventure (terme souvent utilisé pour positiver l'adoption). » Après quelques années, il a quitté sa femme pour faire un enfant à une femme… noire ! Cette petite fille noire, au lieu d'éveiller le sentiment paternel, a réveillé chez lui le sentiment de partir faire un enfant ailleurs. Cette petite fille a servi de terrain révélateur de désirs enfouis de son père. S'il avait effectué un travail sur lui-même, il n'aurait pas détruit une famille, il aurait peut-être été au-devant de ses responsabilités de mari et de père, ou il aurait tout simplement manifesté, avant les démarches, son désaccord sur l'adoption. On parle de cas de plus en plus nombreux où la future mère adoptive tombe enceinte après avoir effectué les démarches d'adoption. On peut supposer que la femme est devenue symboliquement mère et a pu libérer son instinct maternel qui était étouffé par l'image négative qu'elle avait d'elle-même en tant que femme, épouse ou enfant de ses parents. Comprendre l'origine de sa stérilité et travailler ces différentes images de soi en thérapie (avec le soutien du conjoint) pourrait amener certaines femmes à éviter de trouver la solution immédiate dans l'adoption. Par cette libération intérieure, elles pourraient être enceintes ou vivre sans enfant et être heureuses. En effet, j'ai connu des enfants prévenus de leur adoption qui se sont ressentis abandonnés une seconde fois lorsqu'ils ont appris que la mère adoptive avait soudainement arrêté les démarches. Pensons à ces enfants et mettons-nous à leur place.

Vous parlez souvent du pouvoir de l'adoptant sur l'adopté, n'existe-t-il pas de schémas similaires dans les familles biologiques ?

Ce sont les parents qui ont l'initiative d'avoir un enfant. L'argent n'est pas une énergie innocente, or les intermédiaires de l'adoption en parlent peu, mettant en avant le projet humanitaire. L'accouchement donne le pouvoir de donner la vie, l'argent et l'adoption donnent l'illusion du pouvoir à certains adoptants de « fabriquer » un enfant sur mesure, de le fabriquer à leur image. Dans notre société de consommation, nous avons un ensemble de produits à notre disposition et nous exigeons la meilleure qualité en fonction des besoins. Dans l'adoption, les futurs parents confondent souvent : droit à l'enfant et droit de l'enfant, idée défendue par la Convention de La Haye de 1993 de la protection de l'enfant (qui défend l'intérêt supérieur de l'enfant et le respect de ses droits fondamentaux, à savoir le maintien dans sa famille biologique ou l'adoption dans son pays d'origine). Ce pouvoir pour certains parents adoptifs est illimité dans le sens où ils peuvent retourner l'enfant à l'organisme et en prendre un autre. Leur argument en béton est le suivant : « On t'a sauvé, tu ne peux être qu'heureux parmi nous. » Ce qui est aussi vrai, c'est que la venue de l'enfant a sauvé certains couples au bord de la rupture. Mais j'ai appris qu'en Espagne par exemple, 15 % des enfants en moyenne sont retournés à l'organisme d'adoption. Il est d'ailleurs étonnant que les organismes n'en parlent pas ! Peut-être veulent-ils ainsi cacher un échec dont ils ne sont pas capables de comprendre l'origine.

Vous parliez d'autres motivations cachées des parents adoptifs qui sont loin de l'amour pur et du bien-être qu'on peut apporter à l'enfant ?

Un jour, lors d'une de mes interventions, je vois une femme d'une vingtaine d'années accompagnée d'un garçon de son âge. Elle me pose des questions, me demande des conseils. Son visage est angélique, celui de son mari réceptif, aimable.

« Quelles sont vos motivations pour adopter ? » lui demandai-je. Bien sûr, comme souvent, la femme parla au nom des deux : « Nous aimerions apporter du bonheur à un petit enfant d'Amérique du Sud, de Colombie, parce qu'il y a beaucoup de demandes. » « D'offres voulez-vous dire. Ah ! Pourquoi l'Amérique du Sud ? Pourquoi pas un Africain ? » « Je connais l'espagnol et puis, c'est davantage proche de notre culture. » « La culture latine est très différente de la culture occidentale. » « Oui, mais nous pourrons lui apprendre la langue espagnole. »

Je la rappelle peu après et je lui demande : « Dites-moi, tous les deux, vous pouvez avoir des enfants ou l'un de vous est-il stérile ? » « Nous ne sommes pas stériles, nous avons décidé d'avoir un enfant venu d'ailleurs. » « Tous les deux ou vous seule ? » « Tous les deux. Nous nous aimons. » « Si vous vous aimez, vous êtes jeunes, faites un enfant vous-mêmes, vous n'êtes pas dans le cas de couples dans la quarantaine qui peuvent difficilement avoir un enfant. » « Nous vous l'avons dit : nous voulons apporter à un enfant tout notre amour. » « Vous cherchez une solution des plus compliquées. Je trouve cela étrange. Vous avez fait une fausse couche ? Vous avez été violée ? Vous avez peur de l'acte sexuel ? De la pénétration ? Vous avez peur de perdre votre silhouette après un accouchement ? Votre mari est impuissant ? Homosexuel ? » « Écoutez, vous devenez indiscret là. » « Nous discutons simplement. Je ne vous aurais pas posé ces questions intimes en public. » « J'espère bien. » « Vous n'avez pas été désirée en tant qu'enfant biologique et vous voulez sublimer cette humiliation par un acte extérieur et vous avez pensé à l'adoption ? » « Non, j'ai été désirée et aimée dans ma famille. » « Dites-moi, éprouvez-vous la peur de donner naissance à un handicapé ? »

À ce moment précis, un long silence. Je suis embêté parce que la motivation est terrifiante, motivation révélée plus tôt par une autre mère adoptive que j'avais rencontrée. Elle me confirme timidement et froidement : « Oui, ma sœur a donné naissance à un handicapé moteur. Son mari l'a laissée tomber. Elle s'occupe de sa fille toute seule. Elle ne peut rien faire ! » « Vous l'avez dit à votre mari ? » « Non. » « Vous le trompez sur la motivation. La sienne dépendait de la vôtre et maintenant, vous lui cachez la raison profonde et véritable de l'adoption. » « De toutes façons, il ne saura rien ! » « Votre enfant le sentira. Il vous posera plein de questions. Si vous entreprenez d'adopter, il faudra dire la vérité à votre enfant adopté, si vous prétendez l'aimer et l'aider à s'épanouir. » « Monsieur, je vous trouve très compliqué, un enfant adopté sera de toute façon mieux chez nous que dans son pays d'origine. »

Raccroché. Plus de nouvelles. Forcément…

Une autre histoire à raconter sur les « fausses » motivations des parents adoptifs ?

Un éducateur prend contact avec moi. Il me demande si un de ses jeunes, un Indien adopté de 17 ans, placé par le juge, peut me rencontrer. J'accepte immédiatement et je donne mes coordonnées. J'apprends qu'il est coupable de complicité de meurtre d'une vieille dame. Les deux jeunes sont entrés par effraction, ont cambriolé la maison, la vieille dame était présente et elle a voulu se défendre. Les deux jeunes l'ont frappée à mort mais durant l'enquête, l'un rejetait la faute sur l'autre. On n'a jamais su qui avait tué la vieille dame. Cet adopté m'a téléphoné. Un grand gaillard mince à la peau claire, d'allure sympathique et joviale. On boit un verre. Il me raconte son histoire : « Ma mère adoptive ayant fait une fausse couche, elle a décidé de ne plus faire d'enfant de crainte de vivre un autre échec. Elle avait peur aussi de prendre du poids avant et après la grossesse. Elle décide d'adopter un Indien parce qu'il y en a sur le marché, et aussi parce qu'un Belge n'était pas disponible. Malheureusement, son mari est contre, mais il finit par accepter le choix de sa femme. Elle entreprend les démarches d'adoption. J'arrive au bout de deux ans. Que se passe-t-il après ? Elle tombe enceinte. Pas de fausse couche ! Elle donne naissance à cet enfant, mais elle commence à me rejeter. J'étais là pour combler son manque et voilà qu'un vrai bébé est là, à ma place. Mon père adoptif m'a encore plus détesté. Il ne m'adressait plus la parole. Ma mère n'a rien fait pour m'intégrer dans la famille. Ils m'ont écarté de leur enfant. Je n'ai pas eu de chance : toute la famille était raciste. Alors, j'ai "déconné" : j'ai fait des fugues, pris de la coke et j'ai été entraîné par des gens louches et voilà. Après les conneries que j'ai faites, ils ne veulent plus me voir. Ils ont tout ce qui faut : un gosse de leur race qui vient me remplacer. J'ai dit pour blaguer : "T'as adopté un gosse et tu sais même pas où je suis né." »

Vous ne pensez pas que des parents adoptifs ont pu être manipulés par le système de l'adoption ?

Que l'on comprenne bien, je n'ai rien contre les motivations des parents adoptifs. Elles sont le résultat d'une manipulation qui les dépasse. Un système leur fait miroiter l'idée qu'ils peuvent combler leurs manques par l'adoption. J'ose dire qu'on leur a menti, car on ne leur donne pas assez d'informations sur le lien entre le futur enfant adopté et sa mère adoptive, sur l'impact de l'abandon émotionnel après l'adoption, sur la complexité du lien entre l'adopté et sa mère biologique. Je pense que les séances d'information ou les formations suivies par les parents adoptifs ne sont pas suffisantes, car elles sont ancrées dans la théorie et la représentation d'une expérience. Par contre, la thérapie est une expérience personnelle par excellence, car elle permet un rapport frontal où on est confronté à soi, à ses propres souffrances. Il ne faut pas seulement connaître l'expérience, il faut la ressentir soi-même. C'est un long processus, mais les résultats peuvent réellement aider le parent adoptif à mieux se comprendre, à mieux s'aimer lui-même et surtout à mieux aimer son enfant.

CHAPITRE 2

LA MÈRE BIOLOGIQUE : DON OU ABANDON ?

L'adoption telle qu'elle existe impose à l'adopté l'ambivalence, état tiraillé entre deux contraires auxquels il n'appartient jamais. Pas d'équilibre possible.

Bim TILAK

Que pensez-vous de l'idée de conserver le prénom d'origine de l'enfant ?

Je pense qu'il est vital de le conserver, quand on le connaît ! Je propose de l'adjoindre au prénom choisi par les parents adoptifs et que l'enfant puisse choisir comment il désire être appelé. Le prénom de naissance est la seule trace de la mère génétique. Le prénom est le premier souffle de notre mère qui nous lance à la vie. La sonorité permet de deviner et d'interpréter la portée symbolique, de sentir l'essence véritable de notre mère et l'essence de notre personnalité.

Je n'ai pas de prénom indien. Christian est un prénom auquel je ne m'identifie pas, car il est lié au Christ. Le Christ ne fait pas partie de mon histoire génétique avant l'adoption. La musicalité des prénoms indiens me plaît aussi : il y a des « R » et des « A » mais ouverts et entendus. Christian est un prénom aux sonorités fermées qui ne correspond pas à mon tempérament fougueux, spontané et souriant. Christian est pour moi un prénom triste.

Il y a un aspect intéressant au sujet de mon prénom. L'analogie avec ma mère adoptive (qui s'appelait Marie) est intéressante : Marie était Vierge. Elle enfante, par le Saint-Esprit, un fils qu'on appellera fils de Dieu. Quel est le rôle de Jésus ? Envoyé sur Terre pour le rachat de l'humanité pécheresse. La stérilité pour beaucoup est une punition, une humiliation identitaire causée par un péché imaginaire qu'il faut réparer à tout « prix ». L'adopté que j'étais vient à point nommé panser la blessure originelle. Il devra en retour répondre à cet idéal mythique.

Mes nom et prénom occidentaux sont lourds à porter. Quand il faut répondre à une offre d'emploi, j'envoie mon CV et ma lettre de motivation. Ensuite, quand je me présente au rendez-vous et que l'on me dit qu'il n'y a plus de place quand ils voient ma tête d'étranger, je me sens humilié et je retourne chez moi. Maintenant, quand ils me téléphonent, je leur précise tout de suite : « Ne vous étonnez pas, je suis d'origine indienne. »

À défaut d'un prénom, beaucoup d'adoptés se font un nom. Se faire un nom pour dépasser cette humiliation d'avoir perdu son prénom, seul lien intime avec la mère biologique. Compensation pour oublier la perte de son noyau identitaire. Se faire un nom pour créer un lien avec le public et s'intégrer socialement à défaut de s'être intégré dans la sphère privée de la famille adoptive, être reconnu à défaut de l'avoir été à la naissance. On répare sa blessure initiale de l'abandon en créant un « être exceptionnel » qui doit assurer une continuité quand le monde sans repère devient imprévisible. On ne peut compter que sur ses propres forces et sur la chance. De toutes façons, on n'a rien à perdre : les seules fautes que nous commettons sont celles que nous ne faisons pas !

Vous dites que cela ne sert à rien de dire aux adoptés qu'ils sont adoptés parce qu'ils le savent déjà.

C'est très curieux. Quand ma mère adoptive m'a dit que j'étais adopté, je n'étais pas du tout étonné. Au-delà de la couleur de peau, je savais et je sentais que j'étais différent. Toute famille porte en elle-même une culture et des valeurs, des rites, des comportements communs enracinés dans la généalogie. Je voyais que tous les membres de la famille étaient des branches appartenant à un tronc commun. Moi, je savais que j'étais déraciné, différent d'eux et qu'ils n'allaient pas me comprendre. J'ai eu des témoignages d'adoptés, belge d'origine, qui concourraient dans le même sens.

Il y a une théorie en vogue actuellement qui cherche à remplacer le mot « abandon » d'enfant par la notion de don.

Nous vivons une époque de bouleversements de la famille. Alors, nous changeons les termes pour déresponsabiliser les adultes. Sortons du cliché selon lequel une mère pauvre, aimante mais digne, a donné son enfant à de braves parents adoptifs. Parler de « don » est une manière pernicieuse d'empêcher l'adopté d'exprimer sa douleur, sa colère et d'assumer son deuil. L'idée de don, vue par rapport à la mère « victime » de son sort, nie l'existence de l'adopté, à savoir ce qui lui reste d'elle, sa colère légitime voire sa haine vis-à-vis de sa mère biologique qui le laisse dans les moments de crise dans un désarroi identitaire par rapport à ses origines. Cette idée d'abandon remplacé par le don n'a plus besoin d'être géré par le parent adoptif. Celui-ci peut à son tour nier l'idée d'abandon et la considérer si elle persiste chez l'adopté comme une caractéristique pathologique.

Vous ne croyez pas à cette idée du don de la mère biologique ?

On fait croire dans l'opinion publique qu'une maman d'un pays pauvre aime tant son bébé qu'elle le donne en adoption, alors qu'elle le fait plus souvent par peur ou sous la pression des intermédiaires de l'adoption. Si elle avait bénéficié d'un soutien moral, social et financier, de la compréhension de son entourage et de la compassion de la part des travailleurs sociaux, elle n'aurait vraisemblablement pas abandonné son enfant.

Vous avez contacté une psychologue, adepte de cette théorie.

À la suite d'une de ses interventions, je l'ai contactée en effet par téléphone. Après quelques minutes de conversation, je lui ai demandé : « Avez-vous été abandonnée par votre mère biologique ? » Elle me répond :

« Non. » « De quel droit pouvez-vous défendre la mère biologique sans défendre l'enfant abandonné ? Votre nom de famille laisse supposer que vous êtes d'origine italienne, n'est-ce pas ? » « Oui, mais où voulez-vous en venir ? » « Imaginez que votre père vous ait abandonnée à votre naissance, vous ne lui en voudriez pas d'avoir quitté le foyer familial sans donner de nouvelles, sans laisser de traces ? N'êtes-vous pas en droit de réclamer cet amour perdu, d'être en rage car quand on perd l'amour et la culture d'origine, on perd ses repères ? Si cela se passait du côté de votre mère ? Comment réagiriez-vous ? Vous prétendez que la mère a tous les droits, de ne pas mettre son nom ou des informations sur sa personne et l'enfant ? Mais où est la place de l'enfant ? » « Vous me posez des questions personnelles. Sachez que je distingue ma pratique professionnelle et ma vie personnelle. Je ne peux donc pas répondre à vos questions. » « Comment pouvez-vous critiquer la position des adoptés qui veulent retrouver leur mère biologique sans avoir vécu vous-même l'abandon dans votre chair ? » « Sachez que tout être humain vit l'abandon quand il vient à la vie. Tout le monde passe par cette phase-là. » « Oui, mais elle ne dure pas. Elle dure le moment de l'accouchement, après la mère revient auprès de l'enfant. Il y a une différence entre l'abandon de l'enfant qui naît et s'abandonne à lui-même, et la mère qui abandonne son enfant de manière définitive et permanente. Non ? L'enfant adopté ressentira la blessure de l'abandon de sa mère toute sa vie. » « Monsieur, j'ai mes idées, vous avez les vôtres, je crois que nous allons en rester là. » « J'espère participer avec vous à un débat. Au téléphone, ce n'est pas possible. » « À bientôt. »

On ne parle jamais du père biologique. Un enfant a été porté par la mère, pas par le père. On n'a qu'une mère biologique pour toute la vie, mais on accepte d'avoir plusieurs pères éducateurs et plusieurs parents adoptifs. De plus, la mère se donne le droit de vie et de mort sur son enfant (avec des mécanismes conscients et inconscients) quand elle le porte, et après la naissance le pouvoir de l'abandonner ou pas. Même si elle vit dans une société machiste et traditionaliste, elle devrait avoir le droit de laisser une trace, si ce n'est pas un nom, une adresse ou au moins une photo.

Il y a plusieurs abandons vécus par l'adopté. Le premier abandon : celui de la mère biologique, abandon qui est enraciné dans son corps pour la vie. C'est au-delà de l'intellect. C'est un traumatisme puissant, car il naît avant l'apparition du langage. L'abandon est parfois un acte nécessaire pour le bien-être de l'enfant, mais on oublie de dire que c'est un acte brutal. La sortie du ventre est brutale aussi, mais cet acte d'abandon est trop souvent rationalisé et dénié par les psychologues et acteurs de l'adoption. On compare la sortie du ventre de l'enfant biologique à l'abandon d'un bébé en adoption, mais celui-ci vit alors deux abandons : celui de la naissance et celui de sa mère après sa naissance.

Que pensez-vous du fait de raconter à l'enfant adopté son passé, l'histoire de l'abandon ?

Par rapport à l'abandon, il est vrai que l'on conseille aux parents adoptifs de dire la vérité à leur enfant quant à son passé, mais les parents adoptifs ne sont que des intermédiaires. Qui dit que les parents adoptifs ne travestissent pas l'histoire qu'on leur a racontée ? On leur a peut-être raconté des histoires aux contenus mélangés. On leur a peut-être menti ! Les parents peuvent omettre des informations trop pénibles pour se protéger et protéger leur enfant. Dans mon cas, ma mère adoptive m'a dit que mes parents biologiques étaient morts, mais elle ne m'en a jamais apporté la preuve. Quand elle m'a dit que mes parents étaient morts, peut-être était-ce là un moyen de m'empêcher d'entreprendre des recherches quant à mes origines ? Ce n'est pas parce que sur les registres de naissance, il est mentionné : « né de parents inconnus » (mention habituelle) que ces parents sont morts pour autant.

L'abandon entraîne aussi la perte d'information. On est abandonné à soi-même. À soi ? Mais qui est-on ? Surgit alors une crise intérieure. Bien sûr, mes parents adoptifs ont invoqué l'abandon de manière rationnelle et rassurante : « Tes parents biologiques étaient incapables de subvenir à tes besoins et ils ont été obligés de t'abandonner. » Mais une question subsiste dans ma tête et dans mon corps à côté de cette rationalisation : « Pourquoi moi ? » Si je suis enfant unique, pourquoi m'ont-ils abandonné, et si j'ai des frères et sœurs, ont-ils été abandonnés aussi ? Je connais des adoptés qui, sachant qu'ils ont été les seuls à être adoptés, se demandent : « Pourquoi moi et pas mes frères et sœurs ? » On a beau rationaliser ou minimiser l'impact de l'abandon, on veut connaître la réponse à cette question : « Pourquoi moi ? » L'adopté a le sentiment que s'il a été abandonné, c'est parce qu'il s'est mal comporté et qu'il a été mauvais.

Pleins de bonne volonté, les parents adoptifs essayent de convaincre leur enfant du contraire, rien n'y fait. L'abandon est un acte perçu comme injuste et la parole qui relativise nie la souffrance de la perte de la mère.

La plupart des organismes d'adoption, des psychologues ou autres défenseurs de l'adoption minimisent l'idée de l'abandon. On sait depuis peu l'importance des premières années dans le développement et les choix futurs d'un enfant, voire même dans le ventre de la mère. Curieusement, le thème du lien symbiotique entre la mère et le fœtus durant la grossesse est souvent évacué des débats. Est-ce pour mieux vendre l'idée de l'adoption ?

De plus, dans le domaine de l'adoption, on vit ce qu'on appelle l'assimilation. Plutôt que d'analyser avec curiosité et sincérité la complexité du vécu de l'adopté, on assimile les problèmes liés à l'adopté aux problèmes humains en général. Combien de fois n'ai-je pas entendu : « Mais tous les enfants ont des problèmes », « les problèmes d'identité des adolescents sont ordinaires, ce ne sont pas des problèmes d'adoptés. » « Moi aussi, j'ai eu des problèmes avec mes parents biologiques », « on est tous des déracinés », « on est tous des adoptés. » Des phrases qui sont le fait de l'ignorance et de la dénégation. Ces réactions sont révélatrices de l'impossibilité pour l'adopté de se rebeller contre son abandon ou contre son adoption. Ces phrases sont meurtrières, mais elles perdurent. Elles sont prononcées par des professionnels de l'adoption, des gens censés répondre aux questions les plus complexes des futurs parents adoptifs. Ils n'ont pas été formés. Ils n'ont tout simplement pas vécu ce traumatisme dans leur enfance.

Ils parlent de la situation de l'adopté et empêchent souvent celui-ci de s'exprimer. On pense encore que l'adopté est un enfant, on parle toujours d'enfant adopté. On ne pense pas qu'il puisse devenir adulte et participer aux débats au même titre qu'un psychologue ou qu'une mère adoptive.

Si l'on revient au passé de l'adopté, il y a généralement deux abandons : le premier abandon, celui de la mère biologique ; mais il y en a un autre : celui par rapport à la crèche (ou l'orphelinat) où l'on passe les premières années de sa vie. C'est comme une seconde maison. On y vit des moments intenses de proximité physique avec d'autres enfants abandonnés, et des sœurs religieuses ou des nounous s'occupent des enfants comme des substituts maternels. Quand on part de là, on vit un abandon aussi. On parle peu de cet abandon lié à la terre mère, la mère patrie reliant dans nos cellules le ciel et la terre, le père et la mère. On parle de l'abandon comme d'une fracture, mais l'adoption officialise cette fracture, légitime l'abandon et à un autre niveau plus structurel, déresponsabilise le pays d'origine et pousse les mères biologiques à abandonner leur enfant.

Cet abandon est imprimé dans mon corps pour le restant de ma vie. Cela se révèle dans mes relations amicales et amoureuses. Plus la relation est forte, plus est forte la peur de l'abandon et la volonté d'abandonner l'autre. Je ne recherche pas le bonheur, je recherche une cohérence entre ce que j'ai vécu et ce qu'on me fait vivre. Un nouvel abandon est l'épée de Damoclès qui plane au-dessus de ma tête, mais également au-dessus de la tête des autres.

Je provoquerai l'abandon par peur d'être abandonné. Abandonner l'autre pour me libérer. Dans mes relations amoureuses, ce n'est pas un test pour mesurer le degré d'attachement à l'autre comme on le dit trop souvent, c'est aussi un besoin profond de se libérer, de s'abandonner. Il y a même du plaisir à abandonner comme si je me délivrais d'un poids trop lourd à supporter. Il y a de la vengeance aussi. J'ai été abandonné, vous parents adoptifs m'avez déraciné, je vous déracinerai à mon tour, je vous montrerai ce que j'ai vécu et souffert dans la disparition du lien que vous avez provoquée par l'adoption. L'adoption est pour certains adoptés un phénomène, une invention, un jeu de pistes où l'on remplit les cases vides, voire une expérimentation scientifique qu'on a créée par pure curiosité sans en mesurer les conséquences dans la relation adoptant/adopté.

J'ai effectué un lien étrange entre mon anniversaire et l'abandon. Ma date d'anniversaire n'est pas exacte. On a déterminé une date au hasard. L'anniversaire correspond à la naissance. Ma naissance, qui l'a déterminée ? Ma mère biologique. À nouveau, ma mère, la femme qui m'a sentie dans son corps et dont j'ai senti le sien, cette femme qui a déterminé le début de la vie n'est pas là pour le confirmer ! Dès lors, comment puis-je exister ? Le sens profond de ma vie commence à ma naissance. Je suis privé de naissance en quelque sorte. Quand on me fait un cadeau à ma date d'anniversaire, je l'accepte et remercie ma mère adoptive, mais je ne comprends pas le pourquoi, car je n'ai pas intégré en moi l'origine de ma naissance, ni le sens profond de mon existence. Mon autre naissance est celle de la date d'adoption, la date de ma venue en Belgique, le 10 août 1968. C'est aussi une date d'anniversaire. J'avais deux ans et demi. C'est la seule date dont je me souvienne et qui soit exacte, compte tenu du fait que pour mes parents adoptifs, je deviens officiellement leur enfant. Je nais donc à deux ans et demi. Pour mes parents adoptifs, je viens de naître. Et pourtant, je suis déjà grand. J'ai un passé derrière moi. Il y a un décalage temporel entre eux et moi. Le problème, c'est que cette date d'anniversaire ravive mon besoin de connaître mes origines puisqu'elle correspond à ma date de naissance. Un autre besoin impossible : remercier ma mère le jour de mon anniversaire de m'avoir donné la vie. Un besoin intense à oublier, car j'ai une nouvelle vie avec de nouveaux parents. Pour moi, ils sont nouveaux par rapport aux anciens, mais pour mes parents adoptifs, il n'y a pas de passé. Je peux les comprendre. Ils m'ont vu sur photo auparavant ; pour eux, mon passé est lointain et abstrait donc inexistant. Les informations données par l'organisme jusqu'à mon adoption restent abstraites, alors que mon passé a existé, il est ancré et endormi dans ma mémoire corporelle.

Curieusement, ayant intégré de manière instinctive ce sentiment d'abandon, dans certaines relations amoureuses, j'ai commencé à vivre des crises corporelles se traduisant par des insomnies, des douleurs au niveau du bas ventre, des angoisses d'abandon aux dates d'anniversaires de mes compagnes ! Chaque fois, je rompais le jour de l'anniversaire de mes compagnes, au bout d'un an de relation exactement. J'ai su que j'avais failli mourir à l'âge d'un an, étant très malade, et l'organisme d'adoption avait osé proposer à ma mère de m'échanger contre un enfant plus sain, ce qu'elle a toujours refusé.

Avant mon adoption, j'ai vécu dans un orphelinat où nous étions une cinquantaine de gosses abandonnés. J'étais câlin, en demande de contact physique que ce soit avec les nounous, les sœurs religieuses ou avec les bébés eux-mêmes. On vivait dans une atmosphère étrange de vie et de mort. J'ai baigné dans cette vie. J'ai sûrement été traumatisé par la mort de certains bébés que j'avais l'habitude de câliner. Une atmosphère de survie qui est finalement proche de la vie elle-même. Une vie liée à la mort. Le sentiment que la vie peut disparaître du jour au lendemain. J'ai nourri en moi le sentiment de culpabilité du survivant, mais aussi ce sentiment de supériorité duquel jaillit l'idée cruelle : « Pour réussir et survivre, il faut que l'autre meure. » J'ai ressenti cela pour ma mère adoptive et pour les compagnes qui ont jalonné ma vie, étant persuadé qu'elles devaient mourir ou souffrir avant moi. J'ai été marqué par la mort (révélation intérieure) de ma mère biologique. La perte de ma mère a imprimé en moi la perte de ma vie. J'ai considéré sa mort comme un abandon aussi.

Est-ce que l'adopté a une image négative de lui-même parce qu'il a été abandonné ?

La seule honte, c'est d'avoir été abandonné et de ne pas en connaître la raison véritable. Si la raison est cachée, c'est qu'on a dû faire quelque chose de grave et qu'on a dû être mauvais ! C'est vrai qu'il y a des adoptés qui se fichent pas mal d'être adoptés, et il y en a d'autres sans doute plus sensibles qui se demandent comment ils vont répondre aux questions indiscrètes sur leur origine familiale ou culturelle. Quand j'étais petit, je cachais tout simplement aux autres que j'étais adopté pour éviter la question de l'origine de l'abandon et réveiller cette blessure ancienne, imprimée dans mon corps et dans mes cellules. Il est vrai que j'ai de temps en temps le réflexe de dire à mes petites amies : « Tu n'as pas peur de moi ? » sous-entendu, « tu n'as pas peur d'un homme sans passé, louche, pas facile à cerner », et puis, il y a ce réflexe de paraître suspect aux yeux des autres. On est le fils des parents adoptifs, mais le fils réel d'autres parents ; on n'est ni d'ici, à cause de la différence de couleur de peau, ni d'ailleurs, parce qu'on ne connaît pas la langue maternelle et les coutumes du pays d'origine. Les gens ont besoin de repères rationnels pour entrer en contact avec vous, et aussi pour rester en contact avec vous. Ils sont parfois méfiants. N'appartenir à rien ni à personne crée une espèce d'image du juif errant sans fin, sans trouver la fin de son parcours.

Dire à l'enfant qu'il a été choisi vous paraît une manière délicate de limiter l'image négative que l'adopté a de lui-même.

Pas du tout. Si ma mère adoptive me dit : « Je t'ai choisi », je vais répondre logiquement, « Quelle chance, moi pas. » Un choix sur catalogue comme je l'appelle. Et j'aurais préféré être choisi et gardé par ma mère biologique. Son abandon ne peut être compensé ou oublié par le choix des parents adoptifs. Sachant qu'on a été choisi, on est parfois amené à être parfait, à se soumettre aux besoins de ses parents qui eux étaient si parfaits pour nous « sauver ». Quel poids de responsabilités ! Une obligation de reconnaissance que ne vit pas l'enfant biologique.

Dans une entreprise, si vous cherchez un boulot et qu'on vous choisit, on ne peut pas décevoir. « Vous êtes bon ou c'est la porte. » J'ai vécu mon adoption de cette manière.

Vous considérez qu'il est impossible que les adoptés expriment leur colère vis-à-vis du disparu.

Le disparu, la mère biologique, nous laisse seul, livré à nous-mêmes. Perte d'amour à jamais. On a tendance dans l'adoption à refuser la colère, alors qu'elle est une des bases de la construction de l'affectivité. L'adopté n'en a pas le droit sous prétexte qu'il a la chance d'avoir de nouveaux parents. On lui affirme qu'ils sont aimants par-dessus le marché ! Cette tendance des services d'adoption et des psychologues à dédramatiser les problèmes vécus par les adoptés démontrent bien leur incapacité à gérer le drame de l'abandon.

On pratique de plus en plus le rituel de deuil de la mère biologique entre les parents adoptifs et l'adopté.

Je crois que ce rituel rassure plus les parents adoptifs que les adoptés qui considèrent souvent ce rituel comme absurde ! Ce rituel n'adoucira en rien le traumatisme de la séparation avec sa mère biologique. Un adopté m'a confié : « Si l'adoption a pu se produire, c'est en partie parce que les parents adoptifs ont permis cet abandon par ma mère. Donc, faire un rituel avec des bougies et des prières me paraît remuer le couteau dans la plaie, une plaie, de toutes façons, qui ne se refermera jamais. »

Comment avez-vous résolu ce problème de l'abandon ? Y a-t-il des solutions ?

Il n'y a pas de solutions. Cette blessure sera présente jusqu'à ma mort. Il y a des compensations comme écrire cet abandon, l'officialiser, rendre réel cette absence et parler de ces pertes définitives. Si les problèmes sont reconnus, on les acceptera mieux. La psychanalyse peut aider aussi à ancrer chez un adopté ce sentiment d'abandon et de solitude existentielle. Il y a les retours dans le pays d'origine qui peuvent aider à accepter en partie cet abandon. Il y a aussi l'amitié, l'amour et le travail. Mais le problème d'avoir été abandonné sera vécu jusqu'à sa mort. Il est temps que l'Inde et d'autres pays donneurs prennent conscience de l'impact de l'abandon dans la vie future de l'adopté. En Inde, on a essayé pendant des années de convaincre les mamans de laisser leur enfant à l'adoption. Les mamans voulant bien faire mais désespérées pensaient : « Il sera mieux dans une famille riche et occidentale. Il aura une meilleure vie et je mourrai tranquille. » Il a fallu que je retourne en Inde pour expliquer lors de colloques l'impact négatif de l'abandon dans la vie future de l'adopté. En Europe, 35 % des enfants sont nés hors mariage ou vivent avec leurs mères seules, ils ne sont pas abandonnés pour autant. Si au moins, en Inde et dans d'autres pays traditionnels, on pouvait éviter l'abandon de ces enfants-là, mais il y a bien trop souvent la loi du secret et de la honte couverte par l'acte d'adoption.

Il est curieux que votre mère, en partie responsable de votre abandon et de vos problèmes pathologiques, constitue la protection la plus efficace contre de nouveaux abandons.

Ne dites pas cela trop fort, elle risque de vous entendre ! Oui, l'impossibilité du deuil de ma mère biologique m'a empêché et m'empêche encore de bénéficier d'une relation aimante, stable et durable avec ses moments de crise, d'intimité et l'acceptation inconditionnelle d'un idéal impossible. D'où les nombreuses ruptures avec des amis et amies que j'ai provoquées et que je provoque encore. Je recherche la relation idéale infinie où tout est possible, pour conjurer le sort, pour oublier l'impossible rencontre avec ma mère biologique. Je me fonds dans la perfection de la mère idéale pour échapper à l'image négative que j'ai de moi-même à partir de mon abandon, blessure narcissique, humiliation absolue sans aucune possibilité de la réparer complètement.

Pour vous, il y a un problème de deuil par rapport à l'abandon, et ce deuil vous paraît insurmontable. Pourtant, pour certains adoptés, cela ne semble pas poser de problème puisqu'ils se sont adaptés à leur famille.

Le deuil de l'abandon est impossible à faire dans la majorité des cas, car comme l'adoption internationale est plénière, il y a pour l'adopté rupture totale avec ses liens d'origine, c'est-à-dire avec ses parents biologiques. C'est la loi. L'adopté est à la merci de la loi à qui il doit dire merci. On est abandonné et on ne connaît pas ou peu ceux qui nous ont abandonnés. Je veux bien comprendre la cause de l'abandon, mais comment faire le deuil de parents inexistants et invisibles ? Le deuil est un rituel concret, symbolique qui doit s'enraciner dans un lieu concret d'images et d'êtres réels. Les Européens si ancrés dans la pensée rationnelle, dans les preuves et phénomènes observables, ont curieusement évacué le rituel du deuil. Ils pensent que l'adoption est un moyen efficace qui permettra aux adoptés d'adopter leurs nouveaux parents. À une période de leur vie plus critique comme l'adolescence, ou lors de la première rupture amoureuse, de la perte d'un parent ou de la venue d'un enfant, ces adoptés commencent à se poser des questions plus profondes sur leur passé. À ce moment-là, ils commencent à souffrir. Ils sont démoralisés, car ils n'ont pas de réponse. Pour ceux-là, plus sensibles, plus rêveurs, plus solitaires par nature, la douleur de l'abandon est impossible à surmonter. Cela a des répercussions négatives sur leur relation à l'autre et au niveau scolaire et professionnel. Leur dire : « Il est temps d'avancer dans la vie, il faut voir le positif, il faut construire » est une des réflexions les plus dangereuses. Réaction qui montre encore le degré d'ignorance du vécu intérieur des adoptés.

Comme les gens ont du mal à comprendre l'idée d'abandon, j'explique la chose par des situations comparables mais non égales. Voilà ce que je dis : quand vous tombez amoureux de quelqu'un pour la première fois et que cette personne vous laisse tomber, cette rupture s'imprégnera plus profondément en vous s'il y a une deuxième rupture. Si cela vous arrive une troisième fois, vous ne croirez plus en l'amour. Il y a des gens qui prennent peur et anesthésient leurs sensations, prennent les mauvaises décisions en matière relationnelle parce qu'ils ont choisi de se dévaloriser et de ne plus croire en l'amour tel qu'ils l'avaient imaginé la toute première fois. De même, si quelqu'un vous laisse tomber sans explication, c'est plus douloureux que s'il y a une explication. Imaginez un petit bébé abandonné dès son plus jeune âge par celle qui lui a donné la vie, quel traumatisme cela crée si elle ne lui donne aucune raison de cet abandon ! Le cerveau, le corps, les cellules en sont imprégnés. Pour comparer ce qui est comparable, une amie m'a confié qu'elle ne pouvait plus supporter une marque de parfum, non pour son arôme fort, mais parce qu'un de ses anciens amis le portait et celui-ci l'avait larguée sans donner d'explication. Plus de vingt ans après, j'ai fait un test en lui faisant sentir ce parfum, elle s'est sentie très mal et elle a été prise de bouffées d'angoisse. On peut dire que tout le monde doit faire le deuil de ses relations, pertes ou décès, il n'empêche que l'être humain reste un être humain. Refuser l'expression du deuil me paraît être un crime contre la complexité humaine.

Pour vous, le mot « identité » est un mot valise. Vous pouvez développer ?

Ce qui me frappe, c'est cette douleur générale chez les adoptés que j'ai interrogés de ne ressembler à personne physiquement et au niveau du caractère. Dans le mot identité, il y a deux mots : entité et identique. On n'est pas une entité si on ne ressemble à personne, on a besoin d'avoir des traits identiques à l'autre pour se reconnaître. Je me souviens d'une amie qui était la seule rousse de la famille. Elle croyait être adoptée. Elle a alors effectué des recherches généalogiques et elle a découvert qu'une arrière grand-mère était rousse comme elle. Peut-être cette recherche paraît artificielle aux yeux de certains, mais elle était vitale pour elle. Depuis lors, cette fille se sent vraiment intégrée dans sa famille. Ce qui montre qu'adopté ou pas, ce besoin de ressembler à un de ses parents est fondamental et universel. D'ailleurs, quand un enfant naît dans une famille biologique, le réflexe ancestral et animal est d'observer les traits de l'enfant et de dire : « Oh ! Il a le nez de sa mère, les yeux de son père, le regard de son grand-père, etc. ». Alors pourquoi l'adopté ne peut-il pas revendiquer le droit à la ressemblance ?

Vous pensez que le suicide d'un adopté peut s'expliquer par la perte de sa mère biologique ?

J'avais rencontré une mère adoptive française dont le fils, vietnamien, s'était suicidé à vingt ans. Les parents adoptifs se sentaient coupables de sa mort en pensant : « Oui, nous l'avons adopté, c'est pour cela qu'il s'est suicidé, nous l'avons déraciné, etc. ». En fait, la mère adoptive était ouverte à mes propos. Je lui ai posé un certain nombre de questions sur les motivations de l'adoption, si c'était un projet de couple : « Nous avons décidé à deux, me dit-elle, nous avions déjà d'autres enfants, et mon mari était ouvert à l'idée d'adopter au-delà de la bonne action que cela représentait à l'époque. » Elle a commencé par me dire : « Kim n'a jamais été bien dans sa peau, nous essayions de l'aider du mieux que nous pouvions, mais on ne pouvait plus grand-chose à partir de son adolescence où il a développé des problèmes de violence à mon égard, mais aussi à l'égard de mon mari.

Nous nous disions que c'était un moment à passer, mais cette violence n'avait pas de logique, ni de limites dans le temps. Le psychologue nous a bien sûr dit : “Oui, on vous avait prévenu avant l'adoption qu'il y avait un risque avec ce type d'enfant. Eh oui, n'importe quel adolescent fait sa crise et c'est une réaction positive.” Des paroles qui ne correspondaient pas à ce que nous attendions, mon mari et moi. On a laissé faire, on a attendu trop longtemps, alors que Kim avait en lui des problèmes beaucoup plus profonds ».

Je lui demande : « La guerre du Vietnam s'est terminée en 1975. Il a connu sa mère ? » « Kim est né en 1972 en pleine guerre et nous l'avons adopté très vite, mais sa mère est morte peu de temps après sa naissance. Il n'a pas de photo d'elle. Son père, pas d'information non plus. On a essayé d'en avoir, mais c'était impossible, surtout dans ce contexte-là. » « Kim ne parlait pas beaucoup de son passé ? » « Non, il évitait cela et refusait que nous parlions de son pays d'origine aussi. Cela nous paraissait bizarre et plus que cela, gênant, car nous avions beaucoup d'attirance pour ce pays, pour sa culture et son peuple si courageux. » « Peut-on imaginer que Kim se soit suicidé pour rejoindre sa mère, car la vie ici n'a pas de sens sans elle ? » « Nous n'y avons pas pensé. » « Comment s'est-il suicidé ? » « La pendaison, c'est mon mari qui l'a trouvé ! Mon Dieu, c'était horrible, mon mari a fait une attaque après. Il a refusé que je le voie. Je revenais du travail, mais on l'avait déjà détaché. Mon mari en parle peu. Il se sent coupable aussi, et moi donc ! Toute la famille a été affectée, mais nous avons beaucoup parlé et surtout pleuré, ce qui est interdit dans notre société bien pensante. » « Vous n'êtes pas coupable, car moi aussi, j'ai pensé disparaître pour rejoindre ma mère biologique disparue, mais elle m'a demandé de vivre pour elle et pour moi. J'ai eu cette chance, peut-être parce que ma mère était malade, tandis que la mère biologique de Kim est morte assassinée, non ? » « Oui, par les Américains. En quelque sorte, je voulais donner à Kim une chance de s'épanouir ici. J'étais fier de son peuple, je voulais qu'il soit fier de lui, mais il se dévalorisait tout le temps. Le pauvre n'est même pas tombé amoureux. Il était trop timide avec les filles, trop renfermé entre ses actes de violence. » « Cette violence ne vient pas de vous, elle vient d'un passé qui ne lui a pas donné suffisamment de force pour contrôler la réalité. » « Vous croyez ? » « Ce n'est qu'une interprétation personnelle en fonction de ce que j'ai vécu. Kim a vécu des choses atroces avant son adoption et il ne l'a pas supporté. Une crise d'adolescence réveille d'autres crises qui sont endormies, c'est-à-dire la mort de sa mère et l'impossibilité pour lui de la sauver. Par sa violence, il exprime sa douleur d'être loin d'elle et de ce fait loin de lui-même. Face à ce dilemme, il met fin à ses jours, par la pendaison, coupé définitivement du langage et de la parole, de sa langue maternelle pour rejoindre sa mère qui ne parle plus non plus. Il a perdu sa langue maternelle, on lui a coupé la langue. Pari impossible pour lui de parler et de se libérer. »

Aujourd'hui, on reconnaît davantage qu'à votre époque le lien qui unit l'adopté à sa mère biologique. On met de plus en plus l'accent sur le retour aux origines.

Il y a beaucoup de pudeur due à ce problème de loyauté vis-à-vis des parents adoptifs qui empêche parfois l'adopté d'exprimer ce qu'il ressent vraiment. Mais les parents adoptifs ne doivent pas suggérer à l'adopté de retrouver ses origines s'il n'en exprime pas ouvertement le besoin. Tant que la loi sur l'adoption plénière ne changera pas, le rapport de l'adopté à son pays d'origine sera toujours ambivalent. Je préconise que l'adopté bénéficie de la double nationalité, ne soit pas coupé de sa famille d'origine, conserve le prénom transmis par sa mère biologique. On ne serait plus alors dans le cadre d'une adoption plénière, mais d'un accueil de l'enfant qui serait limité dans le temps. Voilà une adoption humaine, c'est-à-dire pensée et pratiquée dans l'intérêt de l'enfant.

La solution à ce problème d'abandon et de disparition est donc d'entreprendre des démarches pour retrouver la mère biologique ?

Ce n'est pas LA solution, mais cela peut être bénéfique, même si la démarche n'est pas facile. Quand j'ai voyagé la première fois avec ma mère en Inde, à l'âge de dix-huit ans, j'ai refoulé ce désir, à cause de ce fameux conflit de loyauté. Et puis, comme on m'a conditionné au fait que mes parents étaient morts, je me suis fait à cette idée et je l'ai intégrée comme une partie de mon être, mais, comme je le disais plus haut, je ne l'ai jamais cru. Quand je suis retourné seul en Inde, à vingt-six ans, j'ai posé des questions aux religieuses de l'orphelinat de Pondichéry où j'étais enfant. Pour unique réponse, j'entendis : « Mariez-vous et faites des enfants. »

Les adoptés qui ont retrouvé leurs parents biologiques ont bénéficié d'une fuite d'information d'une personne travaillant au lieu même où ils ont été recueillis. Ensuite, ce sont les parents adoptifs qui détiennent les informations concernant le passé de l'adopté. S'ils ne veulent pas les dévoiler, de peur que leur enfant leur échappe, ils ne le feront pas. Ils ont les pleins pouvoirs. Il existe bien sûr des exceptions. J'ai rencontré un père adoptif qui a bravé l'interdiction de sa femme de permettre à son fils brésilien de dix-huit ans de retrouver sa mère biologique. Ils l'ont fait à deux. Ils ont été à la limite de la légalité. L'adopté a retrouvé sa mère biologique, mais le couple a divorcé depuis. L'adopté accepte encore de revoir son père. Sa mère s'est remise en couple et refuse de revoir ce fils considéré comme ingrat.

Vous ne savez pas qui sont vos parents d'origine ? Vous n'avez vraiment aucune information ?

Non, aucune jusqu'en 2002. J'ai décidé d'aller voir la sœur religieuse française en charge de l'orphelinat à Pondichéry dans les années 1960, au moment où j'ai été recueilli. Elle m'a révélé certaines choses. Avant de mourir, elle m'a donné deux informations : l'endroit où j'étais né et la profession de mon père biologique. Je viendrais de Nellitope, un village du sud de l'Inde. Mon père serait maçon. Il semble que ce soit lui qui m'ait amené à l'hôpital parce que ma mère serait morte en couches. Aucune certitude. Il était hindou d'après ce que j'ai cru comprendre. On critique les adoptés parce qu'ils idéalisent leurs parents biologiques, mais cette idéalisation toute compréhensible permet de développer une image positive de soi et de son avenir.

Comment vivez-vous cette ambivalence, entre la volonté de revoir votre mère et l'impact de son abandon en vous ?

Dans mon cas, ma mère est morte. Je le sens dans mon corps. Mais j'ai toujours cette l'idée de la voir... Si elle vit, elle doit avoir soixante ans maintenant, et si je la revois, je n'aurai pas l'âge que j'ai, c'est-à-dire trente-huit ans, mais l'âge que j'avais au moment de l'abandon, c'est-à-dire un mois. Donc, elle serait devenue ma « grand-mère ». La mère est le seul être immuable dans le temps, car en donnant naissance, elle vous marque dans l'infini, elle vous donne une place intemporelle dans le monde entier embrassant toute l'histoire de l'humanité. En abandonnant son enfant, elle rompt cette continuité après la naissance et l'intemporalité disparaît. On perd le sens des réalités. Quand on revoit sa mère biologique, elle est une étrangère enracinée dans le temps comme n'importe quel individu. À un autre niveau, il est curieux que je sois allé plusieurs fois en Inde sans entreprendre aucune recherche. Je connais l'anglais, j'aime les voyages, je suis débrouillard, je n'ai pas peur des Indiens, ni des refus, ni de l'échec. J'ai cru que c'était dû à la peur de la revoir, à cette fameuse ambivalence de l'adopté qui veut tout, si tiraillé qu'il prend la décision contraire. En fait, je sentais que ma mère biologique me disait : « Cela ne sert à rien de me chercher mon chéri, tu me retrouveras là-haut. » Là-haut, au ciel après ma mort, je suppose. Je n'ai pas peur de ma mort parce que je sais que je la retrouverai. Et depuis lors, elle n'a pas arrêté de vivre à mes côtés.

Pour vous, il est important de retrouver ses parents biologiques, mais certains psychologues ne le préconisent pas vraiment.

J'ai entendu une psychologue suisse dire : « Il y a un risque pour l'adopté de retrouver ses parents biologiques, il ne vaut mieux pas qu'il le fasse. Il y a souvent déception. » Ce sont des propos sans nuance. J'avais envie de lui dire : « Madame, vous faites une projection de la peur que vous éprouvez vis-à-vis de vos propres parents si vous deviez entreprendre des recherches sur votre origine. De quel droit osez-vous vous prononcer de cette manière, alors que vous n'êtes pas adoptée ? Comment pouvez-vous exprimer des idées que vous n'avez pas vécues ? Comment pouvez-vous décider à la place de l'adopté ? Vous faites ainsi le pain béni de certains parents adoptifs qui n'ont pas envie que leur enfant veuille retrouver ses parents biologiques. » Cette dame se proclamait spécialiste de l'adoption internationale. En vertu de quelles compétences ? Par contre, je pense que si un adopté désire et peut retrouver ses parents biologiques, je pense qu'il doit avoir seize ans minimum, et être soutenu et accompagné par un adulte autre que ses parents adoptifs. De cette manière, il n'y a pas d'interférence, d'autocensure, de rejet et d'ambivalence si l'adopté ne rencontre pas l'attente espérée. Idéalement, il est encore mieux d'entreprendre les démarches à l'âge adulte, lorsqu'un cycle d'études est terminé, peut-être est-on alors moins romantique ou idéaliste, plus réaliste et capable de relativiser une situation si complexe. Ne pas retrouver ses parents biologiques est très dur, les retrouver aussi, mais quand on les retrouve, on peut se situer, avoir un point de repère concret, même si dans certains cas, « les retrouvailles ressemblent parfois à des funérailles » comme me disait un adopté. En général, ils sont très contents d'avoir fait la démarche et même certains ont été très bien accueillis, le « deuil » a alors été encore plus facile à réaliser. Dans ces cas-là, il y a réconciliation avec l'autre et surtout avec soi-même.

Vous avez parlé des différents stades qui vous ont marqué pour retourner dans votre pays d'origine ; vous dites que c'est plus difficile qu'il n'y paraît. Vous avez d'abord vécu une phase de rejet.

Jusqu'à l'âge de dix-sept ans, j'ai rejeté mon pays en bloc. C'était le pays qui m'avait abandonné, non seulement dans le pays mais aussi à l'extérieur du pays, qui m'avait « lâché » pour l'adoption. L'Inde m'a vendu à l'Europe. Une mère adoptive m'a dit : « L'Inde nous a donné les déchets dont elle n'avait plus besoin, objets dont elle avait honte. » Point de vue intéressant qui peut expliquer mon rejet par rapport à mon pays d'origine. Partir avec ma mère adoptive aurait posé un problème : ce voyage, avec sa perception inévitable d'Occidentale, lui aurait appartenu et ma perception aurait été troublée par sa présence, perception voilée par l'autocensure, voile de respect vis-à-vis de celle qui m'a sauvé la vie. Je ne voulais pas retourner en Inde. Pour elle, c'était un voyage touristique, pour moi, c'était un voyage émotionnel au cœur de mon âme perdue. Trop soumis, je ne vivais pas ce que je devais vivre, je dépendais de ce qui se disait autour de moi. D'où ce sentiment de servir, d'être au service de l'autre plutôt que de me servir moi-même. Mon refus de retourner là-bas n'était pas seulement lié à une absence de besoin, à un sentiment que je me sentais belge, mais à une possible colère, haine, ou tristesse refoulée par rapport à l'arrachement au pays qui a fait de moi un étranger partout. D'ailleurs, beaucoup de témoignages d'adoptés concordent pour dire qu'ils ont d'abord rejeté leur pays d'origine, ou lui étaient indifférents, puis avec le temps, la maturité, l'indépendance par rapport aux parents adoptifs ou la mort de l'un d'eux, ils ont voulu retourner là-bas pour caresser, frôler leur espace identitaire.

Ensuite, vous avez vécu une phase d'idéalisation ?

Quand, à vingt-six ans, je suis allé en Inde seul, j'ai appelé ce retour « la libération », libération par rapport au pays d'adoption. J'éprouvais alors un sentiment d'appartenance, et le plaisir d'être anonyme. Quel plaisir : on ne me posait aucune question sur mon origine, j'avais le droit d'être banal, car tout le monde avait la même couleur que moi. C'est une sensation de plénitude extraordinaire que d'être accepté comme on est, car on est comme les autres. Ce fut la découverte aussi d'une culture fabuleuse et riche spirituellement parlant, expérience marquante et inoubliable.

Pour parler de souvenirs de votre petite enfance, vous n'en avez pas. Vous avez plutôt des impressions ?

Oui, des impressions très fortes comme des vapeurs du brouillard qui envahissent mes narines. L'odorat est le sens qui nous marque le plus parce qu'on ne peut pas avoir de prise sur lui. Ce que vous avez vu, entendu, vous pouvez le réinventer en fonction de la sensibilité du moment et de vos attentes. Par contre, l'odorat vous domine et vient à votre insu révéler votre sensibilité la plus profonde, la plus intime. L'odorat vous déshabille l'âme et il n'est pas possible de le réprimer. J'ai dit de ma mère adoptive : « Elle n'a pas la même odeur que moi, je ne peux pas la sentir. » L'élément le plus chargé de sens était l'odeur de la nounou, Mary Selvamarie, son odeur de femme de la campagne. Je me souviens de la manière dont elle me prenait dans les bras, enveloppante, souriante et permanente, et c'est son odeur et son sourire d'enfant qui m'ont permis de vivre et de nourrir mon rapport au corps. Ma mère biologique m'a imprégné de sa sensorialité pendant neuf mois de grossesse. Difficile à prouver aux parents adoptifs quand on est le seul témoin !

Vous y êtes retourné une autre fois et là, vous avez connu une phase de solitude et la déception.

J'ai réalisé que mes gestes et attitudes en Inde étaient finalement forcés, donc européens. J'ai réalisé une chose terrible : je ne serai jamais indien. Sentiment de solitude existentielle et d'humiliation avec cette impression que je ne suis personne. L'anonymat total. La solitude a pris des proportions proches du suicidaire qui a perdu sa mère, ses repères, son corps, sa langue, sa voix, son âme. Ce sentiment d'être indien était basé sur des faux-semblants, car je ne ressemblais à personne de manière permanente ! Le jour où les adoptants et psychologues comprendront cela, ils pourront enfin s'humaniser ! On est seul et différent partout où qu'on aille.

Il y a des adoptés qui connaissent le nom de leur mère et qui ne veulent pas la revoir.

Je me souviens d'un adopté d'origine indienne d'une vingtaine d'années qui connaissait le prénom de sa mère biologique, qui connaissait son adresse, qui avait toute une famille, oncles, tantes et même des frères et sœurs. Eh bien ! Il refusait de faire la démarche. J'étais envieux. Finalement, après la perte de sa mère adoptive, il est parti là-bas et après le voyage, il était emballé de retrouver sa mère biologique (le père biologique étant mort depuis longtemps, mais il avait reçu des photos de lui). Grâce à cela, il s'est stabilisé : il a changé de boulot, a acheté une maison, a emménagé avec quelqu'un et a une petite fille.

CHAPITRE 3

Les troubles possibles

Ce qui n'arrive pas à la conscience revient sous forme de destin.

Carl Jung

Vous avez constaté un comportement étrange de la part d'adoptés qui avaient retrouvé leur mère biologique ? Quels sont leurs commentaires ?

Ils sont les premiers à rechercher leurs parents avec acharnement. Quand ils les retrouvent, ils sont les premiers à décourager les adoptés qui entreprendraient les mêmes démarches. Ils parlent de l'illusion qu'a l'adopté de retourner au pays natal, de retrouver ses parents ; ils pensent que c'est une recherche illusoire du paradis perdu, qu'on ne peut pas revenir en arrière, que rechercher ses parents biologiques crée de nouvelles souffrances, alors qu'eux ont fait les démarches et se sont sentis mieux après. Je vois là encore une réaction de loyauté de ces adoptés vis-à-vis de leurs parents adoptifs, car ils reprennent leur discours moralisateur sur la recherche qui, chez papa et maman, n'est pas tant souhaitée.

Vous dites qu'il n'est pas plus facile d'être deux adoptés dans la même famille ? Pourquoi ?

J'ai rencontré des adoptés qui mettent en valeur leurs besoins de retrouver leurs racines, alors que leur frère ou sœur adopté est indifférent à les retrouver. Quand on est seul à ressentir quelque chose de singulier, on s'oublie et on se tait. On refoule son besoin de connaître ses origines. Je crois y voir un équilibre des conflits familiaux. Un adopté m'a dit : « Je ne peux pas être du côté de mon frère qui défend ses origines, alors je m'adapte, car au moins mes parents ne me rejetteront pas comme ils le font avec lui. » Si l'un ne signifie pas sa loyauté à ses parents adoptifs, l'autre va le faire pour se protéger, et pour protéger son frère ou sœur adopté aussi indirectement.

Parlez-nous à présent des troubles d'attachement.

C'est un concept qui a été pensé par Bowlby, psychologue anglais qui s'est intéressé à des enfants en bas âge atteints de carences affectives maternelles précoces et de troubles d'attachement vis-à-vis de leurs parents. Leur mode de relation sociale est perturbé et dit inapproprié au stade de développement. Cela se traduit par des réponses inhibées, ou nettement ambivalentes et contradictoires (rejet et attirance forte vis-à-vis de ses parents). On parle de familiarité excessive avec des étrangers et notamment d'une absence de sélectivité dans le choix des figures d'attachement. L'enfant répond à la méfiance par la méfiance et risque de montrer à ses parents le contraire ce qu'ils exigent de lui, en signe de protestation contre cette méfiance. Il vit ce manque de confiance en lui, car il se sent victime d'une manipulation terrifiante : la séparation du lien avec sa mère biologique. Ce sentiment d'être victime n'est pas une excuse pour ne pas être responsable de soi, mais une douleur qui a réellement existé.

Vous prétendez que vous n'avez jamais considéré votre mère adoptive comme votre mère véritable.

J'ai vécu en partie des troubles de l'attachement, des troubles sans expression véritable, sans violence, sans colère, ce qui est malsain. Je n'ai jamais adopté mes parents. J'ai cherché ailleurs dans mon imaginaire ou dans mes relations sociales d'autres figures d'attachement des gens de ma couleur. Au fond, je savais que pour m'intégrer dans la famille, il fallait que je sois passif et soumis, il n'en était rien au fond de moi-même. J'appelais ma mère « maman » à cause de l'adoption, mais pour moi ce lien à sens unique était faux, trop lourd à porter. Elle ne m'a pas porté, elle m'a « importé », et moi j'ai dû le supporter. Cet acte aurait pu être plus léger, avec des parents plus aimants, me dit-on souvent, mais finalement l'adoption d'un enfant pauvre est un poids lourd à porter dans le sens où le trouble ou refus d'attachement aux nouveaux parents est peut-être une réaction saine et naturelle face à l'imposition d'un lien avec des parents qui veulent s'épanouir.

En fait, l'adoption d'un enfant pauvre valorise les parents adoptifs. À force, j'ai « été vécu » par les autres comme le petit pauvre à sauver, le miroir en négatif de la générosité des parents et je n'ai pas été reconnu dans un statut de sujet porteur de richesses propres. La seule richesse est la capacité de donner la vie. Donner de l'argent pour adopter remet en question la richesse de ma mère biologique qui m'a donné la vie, ce qui est une richesse inestimable. J'ai eu d'autres formes de troubles de l'attachement. J'avais deux personnalités : une, le jour, pour faire plaisir à mes parents et la deuxième personnalité, la véritable, la nuit dans mon lit, dans ma solitude, mes rêves et mes fantasmes de liberté et de voyages en quête de mes parents génétiques.

Vous dites que, dans votre cas, vos parents étaient aussi atteints de troubles de l'attachement, vous n'exagérez pas vos propos ?

Mes parents vivaient une ambivalence. Ils voulaient être bien vus des autres, l'adoption était un geste adressé à la société : intention de contester celle-ci, de s'opposer au racisme, de se démarquer de leur propre famille, d'occuper une place brillante et exceptionnelle. Pour moi, ce sont des êtres qui vivaient dans une dimension virtuelle en faisant croire à la société qu'ils étaient aptes à recréer une famille, à penser qu'un enfant pauvre ne pouvait être heureux sans famille. Pour eux, l'enfant était un prétexte, un objet plutôt qu'un sujet, un moyen abstrait d'arriver à un niveau d'humanité extraordinaire. À nouveau, souhaiter cet acte d'adoption, le montrer, l'expliquer à l'excès est une imposture. Dans certains cas, l'adoption comme tout acte d'achat s'apparente davantage à l'ennui d'un couple au niveau sexuel, aux possibilités financières, au problème d'identité qu'à un acte d'amour pur et véritable. On ne préparera jamais l'adopté à aller revivre dans son pays d'origine. Je dirais que l'adoption peut être un moyen pour les parents de se sauver eux-mêmes, coupables de la possession matérielle, et qu'il faut à tout prix se débarrasser de cet argent sale pour que l'acte devienne rédempteur, dépenser cet argent en le partageant et en le donnant pour sortir de la culpabilité de le posséder.

Vous dites qu'on occulte les troubles psychologiques des parents.

On considère un adulte désireux d'être parent adoptif comme un individu aimant, mature et responsable, alors que s'il se tourne vers l'adoption, c'est parce qu'il a peut-être des problèmes d'identité profonds. Une mère adoptive, si maternelle soit-elle, éprouve des inquiétudes pour son enfant. On apparente ces réactions à l'amour maternel, alors que j'ai rencontré des mères adoptives qui projetaient leurs troubles névrotiques, leurs propres inquiétudes sur l'enfant non aimé. Il y a ces phrases que j'ai entendues mille fois : « Sans moi, il lui arrivera quelque chose », « Après tout ce que j'ai fait pour lui, voilà comment il me remercie », « Il faut avoir de l'autorité sinon il va devenir comme ses parents biologiques », « S'il a des problèmes après tout, ce n'est pas notre faute, c'est dû à la vie qu'il a eue avant nous ». Ici, on peut voir que l'adoption constitue pour la mère un exutoire idéal des maux de son existence puisque les problèmes de l'adopté peuvent être des corps « étrangers » aux problèmes de la famille adoptive.

Il faut reconnaître que certains enfants vivent un trouble de l'attachement.

Oui, renforcé par l'idée que l'on se fait de l'enfant. Au XIXe siècle, quand un enfant était difficile au sein de sa famille, on ne l'envoyait pas toujours en pension (c'était plutôt un privilège pour les familles bourgeoises) mais à la campagne chez d'autres membres de sa famille, et il revenait quand il s'était calmé. Depuis lors, on a idéalisé le concept de mère, et la mère a concentré tous ces talents illimités en une famille limitée, alors qu'avant existait la famille élargie décentrée où il était possible pour l'enfant de puiser auprès des adultes des sensibilités, des talents et des capacités utiles pour s'épanouir.

Dans l'idée du trouble de l'attachement de l'enfant, vous avez mentionné des cas intéressants où celui-ci est un manipulateur en puissance, notamment par rapport à l'argent.

Je vois des adoptés qui réclament de l'argent à leurs parents adoptifs de manière obsessionnelle et je crois qu'ils trouvent là un moyen inconscient et artificiel de faire payer à leurs parents le prix des difficultés d'être adoptés : problèmes identitaires, absence de repères par rapport à la notion de richesse et de pauvreté, absence de recul et de solidité intellectuelle. Ce qui est intéressant, c'est que les parents payent et gâtent ces enfants jusqu'à les pourrir pour évacuer la culpabilité par rapport à l'adoption. Je connais des cas d'adoption où l'échec relationnel entre adoptant et adopté renvoie à la douleur de l'infertilité du parent concerné. Donc, le parent paie pour oublier son infirmité. Ce jeu existe entre le riche et le pauvre, un jeu d'argent où tout le monde est perdant, car on oublie la tendresse et on ne rend pas l'autre heureux. Ce n'est pas de l'amour, ce n'est qu'un jeu entre manipulateur et manipulé qui inversent leurs rôles.

À l'opposé, certains adoptés ne vivent aucun trouble de l'attachement et s'intègrent dans la famille adoptive. Vous dites que ce type d'adopté vit une autocensure à cause de la loi sur l'adoption, pouvez-vous développer ?

Comme l'acte d'adoption plénière est irrévocable, l'adopté intègre l'idée que rechercher ses parents biologiques est un acte délictuel, un crime contre l'humanité des parents adoptifs. Je connais des adoptés qui paraissent sages, irréprochables parce que la loi les domine. Comme elle est en faveur des parents adoptifs, puisqu'ils sont considérés légalement comme les seuls et vrais parents de l'enfant, celui-ci ne peut pas réagir. Les parents adoptifs représentent la loi aussi. L'adopté est soumis à la loi, qui a décidé qu'ils deviendraient ses nouveaux parents. C'est pourquoi un certain nombre d'adoptés d'origine étrangère attendent la mort de leurs parents pour retourner dans leur pays d'origine et éventuellement partir à la recherche de leurs parents biologiques. Si les parents meurent, la loi meurt avec eux et l'adopté peut, face au vide de la loi, le remplacer, le combler par le rêve et l'entreprise du voyage initiatique à l'origine, non un voyage touristique, mais un retour aux sources pour s'abreuver quelques instants à la fraîcheur et à la beauté de l'essence de son existence.

Vous parlez d'une mère adoptive qui ne comprenait pas que son enfant adopté voulait symboliquement retourner dans son ventre.

Elle argumentait que même un enfant biologique ne pouvait retourner dans le ventre de sa mère, alors pourquoi un adopté le désire-t-il ? Elle oublie que l'enfant biologique, s'il est séparé de son ventre, peut au moins retourner « sur » son ventre, retrouver les odeurs, entendre le battement de son cœur, établir le contact visuel, sentir la chaleur corporelle et du sein, un lien fondamental qui lui assure une identité de base et une sécurité affective pour la vie. J'essayais de lui expliquer que son enfant voulait retourner dans le ventre de sa mère biologique par réaction logique à la brutalité de la séparation et à l'absence de mémoire de lien établi avec elle. Il faut dire que la mère adoptive était pédopsychiatre. Peut-être lui a-t-on accordé l'adoption parce qu'elle était censée comprendre l'évolution psychologique et physiologique du nouveau-né et de l'enfant à venir.

Quand j'entends certaines mères adoptives et psychologues dire : « L'enfant adopté porte sa mère biologique en lui, elle n'a pas disparu », je voudrais leur dire qu'elles idéalisent la situation de l'orphelin. Quand un orphelin n'a pas pu voir sa mère, si elle est morte ou absente, il ne peut pas faire son deuil, car si elle est morte à l'extérieur, elle vit à l'intérieur de lui. Il porte le poids de sa mort et le poids de la responsabilité de sa mort, car il porte en lui « toute » sa mère. Comment se distancier d'elle ? Impossible. Par contre, un orphelin qui a vu sa mère mourir peut faire son deuil, car pour lui, elle est réellement morte. Il peut se distinguer d'elle et vivre sans qu'il y ait d'interférence avec l'image qu'il a de sa mère et l'image qu'il a de lui-même. Mais pour moi, l'absence de ma mère et la mort signifient la même chose. Perdre la mère, c'est perdre la vie, car pendant neuf mois, on ne formait qu'un avec elle.

Pour reprendre les propres mots de Maurice Berger : « La caractéristique du biologique, c'est la familiarité et celle de l'adoption, c'est l'étrangeté de la filiation. [1] ***»***

Un adopté doit vivre dans un déni suffisant pour ne pas s'apercevoir qu'il est différent de ses parents. Un jour, il se verra dans la glace, des personnes de sa culture d'origine se retourneront vers lui, il entendra les questions de curieux qui se demandent bien pourquoi il ne veut pas retourner dans son pays d'origine. La filiation, c'est le fait que juridiquement, vous devenez le fils ou la fille d'un tel, mais au fond de lui, il se peut que l'adopté ne ressente pas du tout de familiarité, ce sentiment où on peut être soi-même. Pour prouver que l'adopté est le fils d'un tel, il doit déployer des efforts pour créer cette familiarité, ce sentiment d'appartenance, mais on sait que quand on doit construire un sentiment, c'est qu'on en est dépourvu. Une absence de forme et d'affinités entre deux êtres trop différents explique que certains parents adoptifs veulent détruire toute différence pour se protéger de l'obstacle que l'adopté représente pour eux. On peut remarquer une ambivalence comportementale chez la mère : une attirance pour la jolie peau exotique et un rejet dû à la crainte de désirer l'adopté, car il n'y a aucun lien de sang.

---

1. *L'enfant et la souffrance de séparation*, Dunod, 1997.

On a l'impression que l'évocation de l'image maternelle pose l'interdit de tout attachement solide.

C'est exactement ce qui m'est arrivé dès le début de mon adoption. Ce qui explique cette distance affective vis-à-vis de mes parents adoptifs. Ma mère biologique venait en surimpression sur ma mère adoptive. Ma mère biologique m'a donné le jour, a créé mon identité de base profonde, ma mère adoptive était à « contre jour » d'où l'impression qu'elle était obscure et inexistante. J'ai bâti au fond de moi une image maternelle n'autorisant aucun autre amour total. Au lieu de vivre aux côtés de mes parents adoptifs, je vivais « à » côté d'eux, tout seul. J'étais trop absorbé par ma mère biologique, un peu comme dans ces récits fantastiques où le fantôme prend plus de place que l'être réel. Par son absence, ma mère est plus présente que jamais. Elle est là pour remplir mon vide existentiel. L'élaboration d'une mère idéale me permet d'échapper à l'angoisse du néant, au suicide aussi. Puis, à notre époque, il y a tant de ruptures amoureuses et de divorces que vivre seul avec ma mère biologique me protège d'agressions supplémentaires comme d'autres abandons.

Parmi les troubles présents chez l'enfant adopté, on retrouve la désorientation temporelle, l'avez-vous vécue ou la vivez-vous encore ?

Quand on me pose des questions sur mon passé, j'ai des problèmes à situer les événements dans le temps. Je n'ai aucun souvenir avant mes sept ans. Rien du tout. Mis à part ma première distribution des prix où j'étais premier de classe. Pour des événements récents, je ne sais plus quel jour j'ai fait telle ou telle chose. Peut-être le désir inconscient d'être pris en charge et cajolé, difficile à dire. Par exemple, quand je pars en vacances, je suis incapable de décrire avec précision le déroulement chronologique des événements. Je me souviens des événements, pas de leur localisation dans le temps. Pour tel événement, sa durée est soit rallongée, s'il est désagréable, soit raccourcie, s'il est agréable comme si je m'interdisais d'être pleinement serein et épanoui.

Comment expliquer cette désorientation ?

Dans les orphelinats, on vit un manque de cohérence temporelle. Il n'y a pas de sentiment de continuité dans les activités ou la prise de soins. On est nourri à des heures différentes selon les besoins et les possibilités. On dort comme on peut. Il y a ces bébés qui pleurent ou crient. Rien à voir avec une chambre individuelle pour bébé avec ces dispositions constantes pour lui assurer un sommeil équilibré et constant. On a plusieurs substituts maternels au rythme des décès et des arrivées de bébés. Tous ces mouvements de va-et-vient de personnes, de bébés, créent une absence de repères sensoriels et temporels.

L'adoption a créé aussi une rupture temporelle et sensorielle avec le passé. Je connais des adoptés perdus dans leur famille adoptive, car ils ne sentaient pas intégrés dans une histoire familiale continue avec la transmission des événements séquentiels ! À nouveau, le principe même de l'adoption plénière évacue juridiquement et brutalement les liens au passé culturel et familial du sujet adopté. C'est pour cela que certains parents adoptifs cherchent à effacer toute trace. Pour eux, la vie de l'adopté commence au moment de l'adoption, mais alors, qu'en est-il des traces de la vie de l'adopté avant l'adoption ? Et dans le ventre de sa mère ? L'adoption facilite ainsi la désorientation temporelle de l'adopté. Je n'ai pas de passé en tant qu'adopté, et l'adulte adoptant protégé par l'adoption essaie de me faire oublier mon passé. Mais que se passe-t-il quand on n'a pas de passé ? L'avenir paraît si loin et insignifiant et donc, on se sent dispersé et sans repères dans le présent, même si les parents adoptifs constituent des références familiales aux yeux de la société.

Parlons maintenant de la désorientation spatiale et sensorielle.

En ce qui me concerne, j'ai du mal à distinguer la droite de la gauche. Je ne peux faire de différence au niveau vêtements entre le gris et le bleu clair et entre le noir et le bleu foncé, tout simplement parce que ces couleurs n'existaient pas dans mon enfance ou que ma mère biologique ne les portait pas ! Quand on me demande de décrire une chambre d'hôtel où j'ai logé, ou un lieu précis, j'éprouve un malaise évident et une incapacité à décrire, tout devient confus. Cette pièce devient dans mon univers mental vide d'objets, de meubles, vide de sens puisque j'ai évolué à l'orphelinat dans un espace commun, ouvert et cet espace devenait vide parce qu'il était comblé d'êtres et de choses trop nombreuses et disparates pour que j'y trouve mon identité et mes limites.

Au niveau sensoriel, ma perception est limitée. La vraie pauvreté, c'est le manque de « sens » ! Je n'ai pas de souvenirs. Au niveau visuel, quand j'étais à l'orphelinat, c'est la lumière, le soleil, les odeurs de peaux des nounous qui sentaient le parchemin, des sensations de chaleur sur le visage, de transpiration, de contact avec le sol. Des flashs, pas d'images en mouvement où je me retrouverais acteur de ma vie. Trop flou. Ces lieux me paraissent incertains pour m'investir en eux, pour ancrer la plante de mes pieds dans le sol. Je ne m'ancre pas dans le sol parce qu'on peut partir à tout moment. Jusqu'à vingt-six ans, cela m'a poursuivi : je portais toujours des chaussures à la maison pour pouvoir partir, en cas de danger. Partir dont la signification était mourir ou renaître.

C'est angoissant et paniquant. Je crois que cela vient encore d'un manque de séquences rythmées par la présence maternelle, de soins et d'attentions régulières. Pendant des années, jusqu'à l'âge de vingt-cinq ans, je n'arrivais pas à communiquer avec les autres. Je me demande comment j'ai pu réussir des études et passer à côté de l'autre, de l'humain, de la relation. Le monologue était le seul moyen de réussir à m'exprimer. Quand l'autre parlait, j'étais perturbé, j'analysais chaque mot, chaque phrase et je n'arrivais pas à comprendre son langage, la structure de ses phrases et donc j'étais incapable d'écouter, de sentir et de répondre. Je ne répondais jamais aux questions du fait de mon incompréhension des termes utilisés. Les mots séparés, oui, ça allait, mais les mots rassemblés en phrases, c'était trop rapide et donc trop dur à comprendre. J'ai vécu aussi un problème : ce sentiment de morcellement, de séparation entre la voix et mon corps comme si cette langue française sortie de ma bouche était un monstre sorti tout droit de mon ventre. Parfois, je soignais mon mal par le mal, je sautais du coq à l'âne de manière frénétique et passionnée, j'inventais des sons, je prononçais des mots l'un derrière l'autre comme la littérature brute ou surréaliste, des sons plutôt que des mots, sons enchaînés les uns aux autres en fonction de l'image mentale ou de l'émotion du moment, souvent des métaphores n'ayant ni queue ni tête, mais qui créaient en moi des résonances pleines de rythme et de liberté.

À cause de l'abandon, certains adoptés bébés sont gênés par le moindre bruit, la moindre perturbation visuelle, un objet ou la syllabe d'un mot, mot ou image surgissant du passé, le ton changeant de la voix, tout cela peut les déconnecter de la réalité, du discours initial, les empêcher de se concentrer et les pousser à s'exprimer dans un discours incompréhensible pour les autres comme pour compenser l'absence de la langue maternelle.

Le balancement de la tête de droite à gauche se retrouve chez l'enfant abandonné et recueilli en crèche.

C'est ce qu'on appelle l'hospitalisme. Je me souviens d'une adoptée qui était soulagée quand j'ai parlé de ces mouvements de la tête de gauche à droite en entendant des sons musicaux. Elle était soulagée, car elle n'était pas la seule à vivre ce comportement hors norme de mouvements et d'hallucinations auditives. Il lui arrivait de chanter des chansons seule dans son lit pour compenser l'absence de bercements maternels et de berceuses. Elle continue encore maintenant à trente-quatre ans, quand elle est prise d'angoisses. Elle ne dit rien à sa mère qui ne pourrait pas le comprendre et encore moins la guérir.

Vous aviez un rapport précoce avec votre corps, comment expliquez-vous cette familiarité ?

Je vivais dans un environnement adoptif hostile déstabilisé par un manque de cohérence, de douceur, d'ouverture à l'extérieur, donc j'ai utilisé mon corps comme vecteur de communication avec moi-même. J'étais autocentré. Me référer à « moi », c'était le seul élément qui pouvait restructurer l'intérieur. L'enveloppe de mon corps avait été brutalisée avant, par l'abandon, et après, par l'adoption, mais j'ai compris que le corps était en relation avec le cerveau et que la pensée me permettrait de reconstruire un corps malmené à partir de l'intérieur. La nuit, l'hospitalisme et le besoin incessant de restructurer ma pensée donnaient vie à mon corps : musique virtuelle, fredonnée et entendue dans ma tête, création de rêves éveillés répétés structurants et libératoires, autoanalyse des pensées et des malaises de la veille pour les dépasser et acquérir de nouvelles forces.

Je me suis rendu compte que c'était la pensée de ma mère adoptive qui déclenchait en moi des problèmes ou des maladies et que les médicaments n'y changeaient rien. Alors, par instinct de survie, j'ai commencé à me masser et j'ai découvert que l'esprit, les yeux fermés alliés à la douceur du toucher, pouvait me soigner de manière efficace, tendre et agréable. Bien sûr, je faisais tout cela en cachette parce que le toucher tendre (opposé à la violence physique) est suspect de la part d'un enfant, mais aussi parce que je crois que je vivais en moi l'idée de l'auto engendrement, c'est-à-dire qu'en l'absence de mère biologique, je pensais que je devais naître de moi-même. Je n'avais pas le choix. Impossible de faire comprendre cela à mes parents adoptifs. J'étais à la fois la future mère, l'accouché et le bébé qui allait sortir. Mais il fallait que je vienne d'un milieu désorganisé avant l'adoption pour percevoir que le milieu adoptif était aussi désorganisé du fait de son manque d'amour et d'affection. C'est grâce à cette désorganisation préalable que j'ai pris les choses en main pour m'en sortir et « m'autocréer ».

Il vous arrive aussi de voler de la nourriture chez les gens.

Oui, en cachette, et je mange ou bois vite la chose pour éviter que personne ne me voit. Il est étrange que je continue à vivre ce désir régressif. Nos rations à l'orphelinat étaient limitées et toutes semblables. Je crois que le réflexe de prendre ce que l'autre possède est important pour moi. Stocker de la nourriture, car on peut la perdre à tout moment.

L'adopté peut avoir un rapport avec la nourriture assez curieux, pour remplir le vide affectif sans doute.

Le don de nourriture est le seul mode relationnel vital qu'on vit à l'orphelinat si on a été séparé de sa mère ou si on n'a pas reçu de câlins des nounous. On remplit une absence, celle de la mère biologique. Il est rare que je rencontre des adoptés minces. À défaut de connaître sa mère, de visualiser le fait d'avoir rempli son ventre, l'adopté peut se remplir de sa mère, c'est pour cela qu'il prend du poids pour être enraciné dans la terre et retrouver symboliquement ce lien originel. La mère biologique est en lui et le protège à jamais des agressions extérieures. Ici, un poids, une démesure ! Peut-être est-ce la démesure de l'amour que l'adopté peut éprouver pour sa mère biologique. Un corps vide de sens et d'essence a besoin de pétrole pour avancer. Ce pétrole, c'est la nourriture sous ses formes terrestres.

Vous étiez atteint au plus jeune âge de maux de tête chroniques et de problèmes d'estomac ? Était-ce psychosomatique ?

Oui, les problèmes d'estomac étaient une manière d'exprimer ma difficulté à « digérer » l'adoption. Même si j'étais docile, les maux d'estomac étaient une façon de penser à ma mère biologique qui m'avait porté dans son ventre. Les maux de tête provenaient de pressions extérieures qui me donnaient à croire que mon adoption était une réussite. Par réaction, ma tête s'empêchait de « penser » le contraire. J'ai toujours eu l'impression que les gens avaient pensé l'adoption à ma place et que je ne pouvais pas la remettre en question, mais mon corps lui n'en « faisait qu'à sa tête ». Et ma tête tombait malade.

Est-ce que vous avez eu le sentiment comme certains adoptés ayant été ballottés d'un milieu à un autre que vous rendiez les autres mauvais ?

Non, j'ai toujours décidé depuis tout petit de lutter contre la médiocrité humaine, la mienne, celle de mes parents et celle des autres, et de regarder et créer la beauté sous toutes ses formes. Ce qui explique mon parcours atypique qui, malgré certains moments de mélancolie, se dirige presque toujours vers le positif et la profondeur.

Était-ce le projet de vie que ma mère biologique m'a transmis avant de disparaître ? Je ne sais pas, mais si c'était le cas, je suis frustré de ne pas pouvoir la remercier.

Vous dites pourtant : « Si j'ai tant souffert, à cause des autres, c'est que je devais souffrir de quelque chose » comme si vous vous rendiez coupable du mal qu'on vous a fait.

Je me suis peut-être mal exprimé. Par « mal », j'entendais l'idée de subir la violence de la part des autres, de la provoquer moi-même. Je crois que l'ignorance est la pire des violences. Comme je refusais d'être ignorant, j'ai subi la violence des gens qui vivaient et vivent dans l'ignorance.

La croyance aux agressions extérieures fait partie des symptômes de la schizophrénie ?

La non présence de la mère aux premiers jours qui ont suivi la naissance et l'abandon définitif, l'absence de lien maternel et de « doudou » peuvent créer chez certains adoptés un sentiment de vide, de déconnection et de méfiance vis-à-vis du monde extérieur. Ce qui explique que certains adoptés rejettent leurs parents adoptifs. Ce n'est pas de leur faute. Toute mère qui abandonne son enfant doit se rendre compte que le lien maternel est fondamental. Si ce lien a été coupé, l'enfant risque d'être coupé de son monde intérieur et ensuite du monde extérieur. Il éprouve alors toutes les difficultés à se lier aux autres et à s'épanouir. Et il peut développer les troubles d'attachement dont on a parlé plus haut.

Vous vous déclarez schizophrène dans le sens où vous élaborez un monde intérieur tenace dans lequel vous vous fondez, en percevant le monde extérieur comme hostile. La nuit est votre monde intérieur et le jour votre monde extérieur.

Nous risquons de développer une forme de schizophrénie, du niveau le plus bénin au pathologique, à cause de notre mode de civilisation hautement technicisé, de plus en plus virtuel et de moins en moins sensitif. Finalement, ma légère schizophrénie m'a sauvé de bien des tracas, car j'ai pu développer en silence, avec l'âme de ma mère biologique et l'aide de mes ancêtres, une force perdue et une assurance inébranlable en la vie. Écarté de mes parents adoptifs (on ne s'est jamais compris et ce n'est la faute de personne), des modes et du conformisme, des mauvaises habitudes de groupe (alcool, drogue, cigarette, vols, sexe avec n'importe qui, vitesse en voiture), j'ai forgé mon caractère et mes propres valeurs. Comme si l'irréel m'ancrait dans une réalité choisie. Mais ma famille a pris cela pour du rejet. Je leur disais que c'était eux qui avaient besoin de moi et que moi j'avais besoin d'être seul pour savoir qui j'étais.

Comment se manifestait cette schizophrénie ?

Encore actuellement, je fais apparaître ma mère biologique la nuit. Je sens sa chaleur sensuelle envahir mon corps et mon visage. Nous nous embrassons, nous nous câlinons, nous parlons, je lui raconte ma journée et lui fait part de mes tracas. Elle m'écoute, me sent, me tient la main, le sourire aux lèvres douces et féminines. Elle m'encourage dans mes projets. Elle m'aide à prendre la bonne décision, me pousse à prendre des risques et m'oriente vers les bonnes relations amoureuses. Elle est mon intuition la plus profonde. La nuit, ma mère m'aide à accepter mes troubles. Je m'évade, je suis ailleurs, je n'existe plus, mes parents non plus. Quel « plaisir » ! Par cet isolement volontaire, je vis vraiment pour moi, pour conjurer le sort. Je pense alors qu'*ailleurs est le plus bel endroit au monde.*

J'ai vécu un traumatisme existentiel : mes parents biologiques sont irréels et je suis leur descendant, mais mes parents adoptifs sont réels et ils ne m'ont pas porté dans leur sang. Qui suis-je ? Irréel comme mes parents biologiques ou réel comme mes parents adoptifs ? Pour la loi, je suis l'enfant de mes parents adoptifs et je suis belge, mais nous n'avons pas la même couleur de peau et je me sens si différent. Je le vois dans la glace tous les jours. Parfois, je me disais : ou je casse la glace ou je me brise moi-même. C'est ce que j'ai fait. À six ans, me regardant dans le reflet d'une table en verre, je me suis tapé la tête contre la vitre. Ma mère m'a emmené d'urgence à l'hôpital et ce n'est que plus tard que j'ai compris la signification de ce geste. Je ne sentais pas mon existence, car je ne pouvais m'identifier à personne, aucun visage à qui appartenir. Il suffisait que quelqu'un n'aime pas la couleur de mon visage ou me lance une remarque désobligeante pour que je me replonge dans la nuit avec des êtres et des musiques qui m'aidaient à oublier qui j'étais et me permettaient de goûter aux délices de l'anonymat.

Avez-vous rencontré certains adoptés affectés de schizophrénie ?

Ils n'en sont pas conscients et je doute que leurs parents ou proches puissent le déceler, mais aux réunions d'adoptés, j'en ai vu qui étaient déconnectés de la réalité. Ils ne peuvent se reconnaître en personne, car ils sont coupés du monde et des autres. C'est un des symptômes de la maladie d'Alzheimer, l'autisme du vieillard. J'ai vu des adoptés se réfugier alors dans une solitude profonde et mélancolique comme s'ils n'avaient jamais connu personne, et ils se retrouvent seuls au monde. Ils peuvent perdre l'usage de la parole. Les mots leur échappent, ils rigolent ou pleurent pour un rien, ils renversent les syllabes, les mots sont utilisés à la place d'autres, c'est terrible aussi pour l'entourage. L'adopté peut se retrouver tel un petit bébé, en régression, sans défense. Il rêve tant d'une fusion charnelle dans le ventre de sa mère pour sentir et ne plus devoir penser et ne plus devoir parler. Alors, il se coupe de tout pour se perdre et n'être plus personne, plus rien.

Ce manque de repères peut-il amener l'adopté à devenir violent ?

Ce comportement décalé de la réalité peut amener l'adopté à développer des fantasmes de violence morbide. L'idée de devenir chef de gang, délinquant, super héros et meurtrier en série. J'ai connu un adopté qui vivait des rêves éveillés la nuit où il mutilait, violait, détruisait les femmes. Il ne faisait pas de différence totale entre le réel et l'irréel. Un jour, quand il a eu un problème relationnel avec sa mère, il l'a tuée de plusieurs coups de couteau. C'est à ce moment là qu'il a réalisé que tuer de sang froid était un geste si simple, un geste qui lui donnait un sentiment de pouvoir absolu sur le reste du monde.

Quelle est l'origine de cette violence ? Il y a la violence de l'adoption elle-même : nette, brutale et définitive comme une amputation de l'âme. Pourquoi devient-on violent ? Pour donner une chair au vide existentiel. Cette violence peut être due aussi à la violence subie dans l'enfance après l'adoption, violence conséquence du manque de communication, du manque d'écoute, de douceur de la part des parents. Que peut faire un enfant adopté face à l'incompréhension de l'adulte ? Subir, se taire ou réagir. Il ne reproduit pas nécessairement la violence qu'il a subie, mais il peut l'exprimer sous d'autres formes. La violence se marque aussi par des humiliations verbales et un manque d'affection général. La violence subie peut être remplacée par le silence, l'indifférence, des petites phrases assassines et des attitudes stressantes. Il y a des parents qui en votre compagnie engendrent beaucoup de tensions, lesquelles finissent par atteindre votre physique, alors qu'ils paraissent si gentils. On n'a rien à leur reprocher. Ils veulent donner une image de parents irréprochables. Ce type de violence plus diffus, plus discret, peut causer beaucoup de dégâts dans l'entourage, et en profondeur, parce qu'elle est inattaquable. La violence réveille des douleurs anciennes qui ont leurs racines dans l'humiliation de l'abandon et l'isolement qui s'en est suivi.

Pour en revenir à l'exemple cité, comment expliquer le fait qu'il ait tué sa mère adoptive ?

Cela le renvoyait à un moment précis de sa vie où il allait mourir lui-même. Dans sa petite enfance, cet adopté devait choisir entre la vie et la mort et il a choisi la vie en une fraction de seconde. Sa mère biologique l'ayant abandonné, il ne peut pas bénéficier de l'énergie vitale maternelle. Amputé de son âme identitaire, il a choisi de vivre, mais son corps était imprégné de l'odeur de mort d'autres bébés qui se laissaient mourir et de la sienne qui approchait. On veut faire subir la mort à quelqu'un, car on a plongé auparavant dans une situation d'isolement proche de la mort. Si l'adopté violent n'a pas d'issue à son conflit intérieur, il crée un conflit à l'extérieur. S'il subit un abandon et de la violence ou, plus tard, des remarques humiliantes, il est lui difficile d'utiliser son bon sens et son humanité. La violence, si elle n'est pas le fait de la perversité, devient alors un mécanisme de défense. Trop couvé par sa mère adoptive, sans qu'il reçoive l'affection attendue, ce garçon est aussi devenu violent à cause de l'absence de son père qui a quitté la maison sans explication. De plus, l'interdit de l'inceste a créé en lui un conflit de désirs ; un conflit qui peut dévier en violence. En vivant seul avec sa mère, il a reproduit la relation homme/femme qui est inacceptable dans le cas du lien biologique, mais plausible au niveau de l'adoption, car tout est ouvert pour une relation sexuelle, ce qui crée un conflit insurmontable qui peut aboutir à la violence, à l'assassinat de la mère pour tuer le désir qu'il éprouvait pour elle.

La violence de l'adopté peut être forte, mais elle n'est pas excusable.

Bien sûr. Mais au lieu de condamner la violence de certains adoptés, encore faudrait-il en connaître les racines profondes qui ont pour origine l'abandon maternel. Si on n'a pas pu verbaliser cette violence de l'abandon, on l'intègre comme une valeur allant de soi. Pour certains adoptés plus sensibles, plus fragiles, l'adoption est difficile. On va dire : « l'enfant s'adapte à tout ». Mais ce n'est pas parce qu'il s'adapte à tout, qu'il a survécu à la mort, à la faim et à la maladie, qu'il est capable de s'intégrer. Il peut emmagasiner ces valeurs et ces comportements différents et, un jour, remettre tout cela en question à l'adolescence et développer une violence difficile à comprendre. Elle est naturelle, car elle est la conséquence du déséquilibre que crée l'adoption et de toutes les composantes précédentes comme l'abandon, le ballottement successif entre la maison natale et la pouponnière, entre la pouponnière et un nouveau pays. Partant de la théorie que l'enfant s'adapte au déracinement et à l'adoption et que l'adoption revêt tant de beauté et de résolution de conflits, on oublie qu'il y a des conflits antérieurs qui n'ont pas été résolus, notamment le traumatisme de l'abandon qui a laissé des traces profondes de tristesse, de colère et de haine dans l'inconscient.

Vous vous êtes pris en charge, c'est l'expression que vous utilisez.

Oui, un frère biologique de parents adoptifs qui avaient adopté un petit Colombien m'a dit : « Quand un adopté vit un conflit intérieur, parfois, il est impossible que ses parents adoptifs résolvent ses problèmes, même avec l'aide d'un psychologue. Alors, l'adopté est obligé de développer une autodiscipline, même si c'est une chose qu'il n'a pas apprise. » Il avait raison : j'ai dû pour ma survie et celle des autres utiliser l'autodiscipline et l'autocritique et, avec le temps, cela s'est transformé en dérision sereine.

Comment avez-vous fait pour vous en sortir ? On a parlé dans votre cas de résilience. Est-ce suffisant ?

Ce qui caractérise la résilience, c'est le fait de rester concentré sans perdre pied, de tricoter le fil de sa vie, mais à force de s'habiller de tricots, on n'arrive plus à se mettre à nu ! Dès lors, on se protège derrière un perfectionnisme et une suractivité qui masquent le malaise intérieur. Cette idée permet aux organismes d'adoption d'occulter la douleur primitive de l'abandon et de dire : « Vous voyez, l'enfant résilient peut vivre des traumatismes et être très épanoui dans sa famille adoptive. » Le déni peut alors se mettre en place. Le résilient gagne de l'énergie, il est productif, il répond à court terme à l'image qu'on attend de lui en détruisant à long terme l'image sensible qu'il a de lui, il devient ce que les autres attendent de lui. Par peur d'être à nouveau abandonné, il évite de faire des vagues. Pendant des années, j'ai été résilient, c'est une chance à court terme mais dangereux à long terme, car on lance un engrenage contre sa propre sensibilité et on risque d'être dur et méprisant avec les autres. Une étymologie ancienne de « tricoter » signifiait « s'enfuir » et « battre ». Battre, donner des coups pour avancer, parfois pour fuir une réalité intérieure trop pénible. Enfin, j'ai tricoté avec beaucoup d'orgueil, de ténacité et de bon sens.

Vos avez effectué un travail sur vous-même pour éviter d'être violent.

On ne peut résoudre ses problèmes que dans la solitude. On peut être soutenu de l'extérieur, mais la résolution profonde à long terme se vit dans une solitude physique, quitte à « péter les plombs ». Difficile de faire un travail sur soi si vous avez quelqu'un dans les pattes ! L'amour de l'autre est beau, mais il n'est pas toujours la solution aux problèmes intérieurs. L'isolement permet parfois de se connaître soi-même. J'ai découvert à la suite de ce travail que la violence était un élément artificiel produit par la culture familiale et par l'ego. On peut la canaliser. Si on n'a pas été écouté, on peut difficilement écouter les autres. Si on ne peut pas les écouter et se mettre à leur place, on utilise la violence pour rejeter la différence et imposer la sienne. Ayant observé que la plupart des meurtriers sont des gens taciturnes qui s'expriment très peu, ceux à qui on a coupé la voix, j'ai décidé de me lancer dans le travail de ma voix. La voix est un élément plus profond que la langue. Très tôt, je me suis rendu compte que je savais lire, écrire, compter très vite, mais que j'avais des problèmes d'expression verbale. J'avais la gorge nouée et c'est pour cela que je développais des problèmes de sinusite, de trachéite et de pharyngite, dus à des impossibilités de colère verbale contre mon adoption. Je me suis rendu compte que les médicaments avaient sur mon corps un effet psychologique et non physique. Je me suis mis à rechercher ma voix d'origine. J'ai enregistré verbalement tout ce que je ressentais par rapport à cette violence. J'exprimais mes doutes, mes frustrations, mes douleurs à travers ma voix et j'approfondissais davantage mes sensations et renforçais mon expression verbale, élément dont j'avais été privé depuis mon adoption, car on parlait si peu et que tout était enterré en moi. J'ai travaillé à l'instinct : j'ai écouté des morceaux de musique classique d'interprétations différentes. Je devais apprendre à sentir les différences de rythme et l'utilisation plus importante de tel instrument dans telle ou telle interprétation. Ce qui a allégé mes problèmes d'otites. Moi qui n'ai pas été touché par ma mère adoptive et qui ne pouvais toucher les autres, j'ai travaillé le toucher par le biais du piano. Un piano était là à ma disposition et j'ai exprimé ce que je ressentais. Petit à petit, j'ai retrouvé ma voix d'origine et ma sensualité. Ce qui est révélateur, c'est que j'avais l'impression que je m'étais donné naissance moi-même. C'est une renaissance (au même titre que la Renaissance), un retour à des formes anciennes enfouies en moi pour remettre en question le Moyen Âge de mon éducation. Mais rien n'enlèvera la tristesse de mon abandon et ma solitude existentielle.

Pour revenir à la situation énigmatique de l'adopté, vous parlez de coffre-fort.

L'adopté est une énigme enfermée dans un coffre-fort. Son passé, les circonstances des premiers mois de sa vie dans le ventre de sa mère, restent mystérieux. Impossible de comprendre l'adopté. D'où l'image du coffre-fort : l'adopté y est enfermé, les gens à l'extérieur sont énervés, car ils ne connaissent pas la combinaison pour l'ouvrir.

L'adopté ne peut l'ouvrir de l'intérieur, comment le comprendre ? Alors, enfermé dedans, tel un magicien, j'ai joué mes tours de souplesse et de force intérieure pour sortir du coffre, pour montrer ce que c'est que d'être adopté. Le coffre-fort est ouvert et, à présent, il est possible de sentir et de comprendre quelques éléments, mais il subsiste un problème : si je retourne dans mon coffre-fort, et si les gens refusent de comprendre ou ont du mal à comprendre, ils changent la combinaison du coffre et il faut tout recommencer.

Pour la plupart des gens, l'adopté n'est pas une énigme, et ils vous reprochent de le voir ainsi. Même des adoptés vous le reprochent. Ils ont l'impression d'être des spécimens à problèmes.

L'adopté reste pour moi l'être le plus mystérieux de tous, car c'est le seul être qui est né quelque part et qui n'en a pas la preuve matérielle ! Il vit dans un trou de mémoire.

Des parents adoptifs vous ont dit qu'il ne faut pas accentuer cette différence de l'enfant parce qu'il est adopté.

Cela reste ambigu et contradictoire. Le droit à la différence reconnu par les parents adoptifs est loin d'être facile à réaliser. On n'accepte pas facilement les différences de culture, surtout quand on vient d'un pays étranger. J'ai dit à un journaliste : « Je ne peux pas être indien en Belgique parce que je serais en décalage avec mon entourage et avec la société. » En Inde, en général, on fait ce que l'on veut sur la voie publique. Autre point : je mangerais volontiers avec la main droite comme le font les Indiens, mais je suis obligé d'utiliser des couverts comme les autres.

Je connais des adoptés plus jeunes que moi qui doivent répondre à une société de plus en plus compétitive. De mon temps, on était protégé par les valeurs structurantes des professeurs qui aimaient leur boulot et leurs élèves. Actuellement, les parents adoptifs vivent à un tel rythme que la pression de la réussite est devenue le lot quotidien d'une jeunesse en perte de repères. Les parents sont plus exigeants, car les parents biologiques leur ont confié leur progéniture, ce n'est pas pour rater, se retrouver au chômage, en mauvaise santé, accroc, suicidaire ou malheureux de son adoption. C'est peut-être pour cela que certains parents adoptifs sont plus exigeants avec les adoptés qu'avec leurs enfants biologiques. Ils n'ont pas eu un contact charnel, protecteur, tendre, inconditionnel avec l'enfant, alors ils le compensent par des exigences abstraites et intellectuelles. Il s'agit d'être productif et utile à la société, donc performant à l'école et au niveau professionnel. Il n'y a plus de rêve, ni de poésie comme à mon époque. La société dans son ensemble vit dans la peur de perdre ses acquis (tellement elle vit dans l'abondance) et de ce fait, la vie est plus stressante et les échecs scolaires sont nombreux à notre époque. L'échec scolaire est une réaction au système qui nous pousse à réussir, mais pas à devenir intelligent. On doit réussir ! Le bonheur de l'être passe au second plan, on le culpabilise. Cette culpabilité est une forme de violence aussi. L'adopté qui réussit ses études peut vivre une crise d'identité à l'adolescence. Cette crise est violente pour un enfant biologique, mais pour un adopté, il doit s'opposer à ses parents adoptifs pour être lui-même, et il finit pas s'opposer à lui-même, car l'objet de l'opposition est inconnu, c'est le fantôme des parents biologiques contre qui il s'oppose. Plutôt que d'être en conflit avec ses parents, certains adoptés choisiront d'éviter tout conflit, ce qui n'est pas sain dans la vie d'un être.

Ivan Nady, psychanalyste d'origine hongroise, parle d'un conflit de loyautés chez l'adopté. Mais vous, vous faites une distinction entre loyauté et fidélité.

Comme disait Françoise Sagan : « Aimer, c'est préférer ». L'adopté ne peut préférer. Il ne peut aimer de manière inconditionnelle, car il est tiraillé entre le fait de vouer une fidélité (qui est un sentiment irrationnel) à sa mère biologique parce qu'elle lui a donné la vie et le fait de respecter loyalement ses parents adoptifs qui lui ont sauvé la vie. Cette naissance a donné un sens à sa vie même s'il a été abandonné par la suite. Il ressent une loyauté (qui pour moi est un sentiment rationnel fondé sur des faits et des éléments matériels) vis-à-vis de ses parents adoptifs qui lui ont donné la possibilité de s'épanouir dans un pays où il fait bon vivre et où il peut s'amuser, étudier et travailler. Il y a un dilemme aussi. Si j'aime les parents biologiques, je manque de loyauté vis-à-vis de mes parents adoptifs qui ont fait tant d'efforts pour m'éduquer et si j'aime mes parents adoptifs, je suis infidèle à mes parents biologiques. J'ai senti personnellement ma mère biologique me dire au fond de moi que j'étais une richesse pour elle, même si elle était pauvre. On perçoit ainsi l'absurdité des notions banales et fermées de richesse et de pauvreté en Occident. Aux yeux de mes parents adoptifs, sans qu'ils l'expriment, j'étais pauvre et eux représentaient la richesse matérielle et la solidité du sang. En perdant mes parents biologiques, j'ai perdu du sang et eux aussi. Entre les quatre parents, j'ai dans un premier temps choisi mes parents adoptifs, en oubliant ma famille biologique (pour me protéger de mes tiraillements), ensuite, quand mon père est mort et que ma mère adoptive s'est séparée de moi quand j'avais dix-neuf ans, j'ai mis en valeur mes parents biologiques. Depuis deux ans, je suis plus serein, je ne ressens plus grand chose, ni pour les uns, ni pour les autres. Mais reste cette fidélité indéfectible vis-à-vis de ma mère biologique qui m'a donné cette vie et toute sa force de vie.

Vous parliez du déni des adoptés ou d'autres personnes qui ont subi un traumatisme, mais vous avez aussi usé du déni quand vous étiez plus jeune.

Le déni est un mécanisme de défense irréversible. Le vivre pendant des années sans pouvoir exprimer cette douleur de traumatisme et la relativiser peut pousser l'individu à nier la souffrance des autres. J'ai pu m'apercevoir de cela quand des adoptés ont voulu lire mon livre. Je me souviens d'une fille adoptée qui me disait : « J'ai bien vécu mon adoption et j'ai un peu peur de lire vos écrits, mais c'est par curiosité que je vais le faire. » Je lui ai rétorqué : « Si vous appréhendez la lecture de mon livre, c'est qu'une partie de vous-même n'a pas été explorée. Les adoptés qui croient bien vivre l'adoption n'éprouvent pas le besoin de lire ce que j'écris, car ils distinguent aisément leur adoption de la mienne. Vous voulez parcourir mon livre [1]

1. *Adopté dans le vide*, Christian Demortier, Enfants du Fleuve/Éditions du Jubilé, 2001.

parce que vous recherchez peut-être dans tel ou tel paragraphe la révélation d'un de vos dénis. »

Vous-même, avez-vous été obligé de vous protéger par le déni ?

Je n'avais pas le choix. Jusqu'à l'âge de dix-neuf ans, j'ai prétendu être heureux de mon adoption, alors que je vivais le contraire. Le déni pendant un temps m'a permis de survivre, mais le nier toute ma vie aurait été dangereux pour mon épanouissement personnel et désastreux pour les gens que j'aime. Ce déni accompagné d'une fuite en avant par le perfectionnisme scolaire, s'il s'était prolongé, aurait eu des conséquences fâcheuses sur les autres événements de mon existence.

Pourtant des personnes vivant dans le déni, ne sachant pas ou refusant ce qui leur est arrivé, peuvent vivre normalement.

Si l'être humain vit dans le déni, il refuse de croire que son perfectionnisme est artificiel et que cette apparence silencieuse de son malheur intérieur ne répond qu'à un besoin d'amour non satisfait ; il ne comprendra pas que le besoin d'amour de l'autre est plus important que son perfectionnisme. S'il est confronté à lui-même et à sa propre souffrance, s'il pleure, s'il apprend à s'émouvoir, s'il se met en colère contre sa mère qui l'a abandonné ou d'autres qui ne lui ont pas donné d'amour ni de compassion, s'il apprend à haïr le parent non affectueux, il pourra comprendre son manque d'amour. Il pourra, malgré le peu d'amour qu'il a reçu, en donner, car le but de la vie est d'aimer et de trouver des personnes bien autour de soi.

Vous croyez que le déni conduit l'être humain à être inhumain.

Beaucoup d'adoptés qui ont bien vécu leur adoption, ou qui pensent l'avoir bien vécue, ont tendance à minimiser les problèmes de ceux qui ont mal vécu l'adoption, comme ceux que j'ai déjà décrits. Ils les jugent souvent, mais les soutiennent peu.

Il y a des phases de deuil à parcourir pour dépasser le déni, sinon on est amené à répéter inlassablement les mêmes erreurs de la vie et le même type de relations insatisfaisantes.

On peut vivre dans le déni et avoir de la chance, tomber sur quelqu'un de bien, mais je crois que, à notre époque, on est en perte de repères identitaires importants. Parcourir ces phases de deuils constitue selon moi une prévention. On ne deviendra pas Superman, mais on pourra comprendre son propre fonctionnement verbal, comportemental et affectif. On a des croyances et elles viennent de notre perception. Le problème n'est pas chez l'autre, il est en nous et engendré par nous.

Le déni est-il la première phase du deuil ?

Beaucoup de gens s'arrêtent à ce stade, parce que c'est la solution que le cerveau a trouvée. Il est impossible et insupportable de gérer ses émotions face à l'événement traumatique. On ne dépasse pas ce niveau par peur d'être dépassé, peur de ressentir de la haine contre soi, la vie, les proches, peur d'être sensible au moindre tracas, peur d'être à nouveau abandonné et de mourir. Mais on ne peut en rester là, sinon on ne peut guère évoluer. Ensuite, il y a une petite ouverture d'esprit où l'on prend les bonnes résolutions, dans une certaine ambivalence toutefois due à un état de mutation : attirance et rejet de notre sensibilité. Puis vient la phase de la tristesse, l'acceptation de la déception et même des larmes, de la dépression, d'un sentiment d'impuissance. Idéalement, pour finir, vient une phase d'équilibre où l'on voit plus clair, on respire l'air pur avec des petits retours de déprime plus légers, moins brutaux, et enfin, idéalement, des sourires de bien-être qui nous apportent face à l'effort fourni des petits repos bien mérités. Le temps qui passe est aussi un élément de guérison progressive.

Mais si le déni veut en finir avec le passé, celui-ci n'en a pas fini avec nous ! L'énergie négative du déni est la même que nous utilisons pour détruire les autres projets de notre vie. C'est le cas de beaucoup d'adoptés qui se perdent dans des projets qu'ils ne finissent jamais. Qu'il est dur d'être adopté. Celui-ci vit un dilemme : vivre dans la lucidité le conduit à la souffrance, vivre dans le déni retarde cette souffrance, mais s'il ne l'affronte pas assez tôt, elle l'attend au tournant de sa vie : il tombera malade ou deviendra déprimé. J'ai connu des cas assez tristes.

Vous citez volontiers Kafka, votre frère spirituel. Il parle de l'adopté qui ressent un soupçon vis-à-vis de ses parents

adoptifs et qui finit par se fondre au soupçon qu'il éprouve lui aussi à leur égard.

C'est incroyable que Kafka comprenne l'adopté à ce point. Il est né en 1883 et mort en 1920, époque où l'adoption nationale existait, mais on n'en parlait pas. La lucidité de Kafka force l'admiration, car quand j'ai lu ce fragment de texte qui date des années 1910, j'ai cru qu'il était adopté [1] !

Kafka parle du soupçon que l'enfant adopté a de ses parents adoptifs, même si ceux-ci l'élèvent dans la croyance qu'ils sont ses vrais parents et qu'il est leur enfant. Il souligne que « ce soupçon s'exprime de manière fortuite, rapide et par le biais de la violence verbale ou physique. C'est un soupçon qui peut transformer un malaise insignifiant en un soupçon énorme, souvent méchant, un soupçon qui ne peut plus supporter la moindre entrave et détruit tout ce qu'il y a entre l'accusateur et le soupçonné. »

Kafka, comme à son habitude, utilise une métaphore énigmatique.

Il parle de ce soupçon : « Je le sens bouger comme la femme enceinte sent bouger son enfant, et je sais en outre que je ne survivrai pas à sa naissance réelle. Vis, beau soupçon, grand dieu puissant, et laisse-moi mourir moi qui t'ai mis au monde, toi qui me laissas mettre au monde par toi. »

---

1. Fragments de journal (non datés), Collection Bibliothèque de la Pléiade (n° 282), Gallimard, 1980.

On parle volontiers actuellement de parent adoptif et d'enfant « adoptif », au lieu d'adopté, pour montrer que l'adopté adopte ses parents comme n'importe quel enfant adopte ses parents biologiques.

Si l'adopté n'adopte pas ses parents, on utilise la voie passive qui lui fait subir l'adoption, on parle alors d'« adopté » ; s'il les adopte, on le rendra actif et on l'appellera « enfant adoptif ». Ainsi, on ne peut pas croire en un échec puisqu'on a changé le mot : « adoptif » suppose de manière catégorique que l'enfant adopte ses parents. Dans le cas contraire, si la greffe ne prend pas, on accusera l'adopté de ne pas avoir répondu au sens du mot qui le caractérise. Un jour, j'ai bien peur que le mot adopté ou même adoptif disparaisse pour assimiler l'adopté à n'importe quel enfant biologique. On niera tous les problèmes vécus par l'enfant avant et après son adoption. L'adopté n'aura plus de problème si on supprime le mot « abandon », qui perdra sa valeur émotionnelle et réelle pour laisser place au mot « don », chargé positivement et idéalisant, favorisant l'acte d'adoption. Si on gomme les différences, on ne les acceptera plus du tout ! On gommera toute émotion, toute opposition, et la société ne pourra plus comprendre le concept de différence. Si un adopté se sent mal avec son identité, on lui dira : « Comment peux-tu avoir des problèmes d'identité puisque tu as adopté tes parents ? Tu es adoptif et non adopté. »

On vous rétorque que les enfants biologiques ne choisissent pas non plus leur venue au monde. Ce sont leurs parents qui l'ont choisie.

L'adopté vit une double problématique : premièrement, comme les enfants biologiques, il n'a pas choisi de venir au monde et encore moins d'être abandonné et, deuxièmement, il n'a pas choisi ses parents adoptifs qui couvrent (sans s'en rendre compte) l'acte d'abandon de ses premiers parents.

Vous ne vous êtes jamais senti « adopté » par votre famille, n'est-ce pas parce que votre adoption a été douloureuse ?

Je crois que le fait d'avoir vécu en communauté à la pouponnière au milieu d'autres enfants m'a rendu autonome et inadapté pour l'adoption. Il y avait des substituts maternels et nous nous apportions entre bébés beaucoup d'affection. J'ai dit que j'avais reçu plus d'affection, de câlins, de contact, de communication, en institution en deux ans qu'en vingt ans d'adoption ! Dès l'abandon, j'ai perdu ma mère biologique, le mal est fait. Donc, je me suis habitué à la vie de groupe. Et que se passe-t-il ? On vous dit un beau jour : « Tu vas avoir des parents, tu vas vivre dans un autre pays. » Que voulez-vous que je fasse ? À deux ans et demi, je n'étais pas conscient du concept de la famille. C'était pour moi purement théorique. J'aurais été moins traumatisé si j'avais vécu des allers et retours entre la pouponnière indienne et ma famille biologique, mais cela n'a pas été possible pour des raisons que j'ignore. Dans l'adoption internationale, on vous coupe de tout avec une brutalité inimaginable, rupture de contexte, d'odeurs, d'espace, de sons, de liens affectifs forts. Vous atterrissez alors dans une famille étrangère au niveau du lien et différente physiquement.

Vous avez été adopté à deux ans et demi, et cela est relativement tard pour un bébé, car votre système de pensée est intégré sans l'avoir été vraiment à cause de la rupture. La mémoire opère, on ne se souvient plus de rien mais pourtant on sent qu'on a vécu ailleurs et ce ballottement vous suit toute votre vie.

Oui, ni d'ici, ni d'ailleurs, bien au contraire.

Vous dites que la notion de « roman familial » chère à Sigmund Freud ne peut s'appliquer à l'enfant adopté.

Le roman familial est une étape normale de la vie d'un enfant. Quand un enfant biologique est déçu de ses parents parce qu'il constate que ceux-ci ne sont pas aussi parfaits qu'il l'imagine ou parce qu'ils ne satisfont pas ses besoins ou ses attentes affectives, il fantasme qu'il est né de parents géniaux, roi et reine extraordinaires tout droit sortis de contes de fée. Il construit leur image comme il le veut. C'est une étape, donc ce processus est refoulé ou oublié par la suite. J'ai ainsi rencontré une jeune femme belge de 30 ans qui voulait adopter, car elle projetait sur un enfant abandonné la faveur de lui offrir un avenir de conte de fée qu'elle désirait vivre elle-même. Elle s'est rendue compte que la raison de l'adoption n'était pas innocente, et elle n'a plus pensé entreprendre des démarches.

Un adopté ne peut-il vivre le roman familial de la même manière qu'un enfant biologique ?

Non, car ses parents idéaux auxquels il pense quand ses parents adoptifs le déçoivent sont réels, mais il a peu de chance de les connaître. Le problème, s'il ne voit jamais ses parents biologiques, c'est que la réalité de ses parents biologiques est un poids qui l'empêche de sortir du fantasme. Il est alors difficile de mûrir affectivement, car le renoncement est impossible, puisque ce réel existe quelque part et qu'on est tiraillé entre ces espaces de réalité sur lesquels on n'a aucune prise. Beaucoup de gens ont pris avec humour le fait que l'adopté critiquait tel parent adoptif ou biologique quand cela l'arrangeait, mais il est en fait tiraillé entre deux entités contradictoires : les parents adoptifs, réels et disponibles, et les parents biologiques, absents et indisponibles. Le roman familial existe parce que l'enfant est déçu de ses parents, mais aussi quand ceux-ci représentent un poids trop important pour l'enfant qui doit satisfaire les désirs et les besoins de ses parents. Il veut d'autres parents envers lesquels il n'aura aucune responsabilité à remplir, aucun sentiment d'être redevable. Un adopté peut rejeter ses parents adoptifs de manière définitive pour cette raison.

Vous parlez de l'ambivalence par rapport à ces deux entités, biologiques et adoptives.

Comment l'adopté va-t-il aimer ses quatre parents en même temps ? Ceux qui l'ont fait, défait, et ceux qui l'ont refait. S'il dit à ses parents adoptifs qu'il ne les aime pas (c'est-à-dire sans volonté, ni fierté d'appartenir à la lignée familiale), il vit dans l'angoisse d'être abandonné et dans la peur que le lien se rompe, pas seulement parce qu'il les aime et qu'il perdrait leur amour, mais parce qu'au niveau juridique, l'adoption est irrévocable et que personne d'autre n'est disponible pour l'adopter. C'est pour cela que certains adoptés refoulent leur colère pendant des années et vident leur sac relativement tard quand ils prennent leur indépendance.

Quand les parents adoptifs vivent des problèmes de couple et en eux-mêmes, l'adopté se sent coupable des fautes qu'il n'a pas commises et en particulier du manque de maturité de ses parents. Un adopté peut jouer le rôle de l'enfant soignant, parce que sa mère l'a soigné dès son arrivée. Il aura le sentiment d'être redevable. Si l'un des deux parents adoptifs vient à décéder, l'adopté peut avoir l'impression que s'il fait du mal au survivant, celui-ci mourra et lui aussi, car l'adopté a été imprégné de l'idée de mort et de souffrance très tôt. Il prend alors parfois la responsabilité de devenir le parent de sa mère ou de son père adoptif pour le protéger de la mort. Pour l'adopté, faire du mal à sa mère ou son père veuf, c'est risquer de le tuer et de le perdre une seconde fois.

Vous faites la différence entre l'enfant communautaire et l'enfant privé, que voulez-vous dire ?

Je me considère comme un enfant communautaire, c'est-à-dire enraciné dans des relations de groupe. L'exclusivité (qui porte bien son nom) exclut toute forme ouverte de la relation. Elle caractérise l'adoption où l'enfant devient un individu « privé », c'est-à-dire appartenant de manière exclusive à deux parents, juridiquement et affectivement.

Pas de nuance possible. Les liens tissés au sein de l'orphelinat avec les puéricultrices et les autres bébés forgent l'adopté et lui permettent de se construire. Le fait de permettre aux enfants d'avoir un espace ouvert, lumineux, pieds nus, c'est génial et c'est une richesse inestimable. C'est bon de courir pieds nus toute la journée, on est en contact avec le sol, avec soi en permanence. L'autorité parentale adoptive est parfois en contradiction avec la liberté spatiale de l'enfant communautaire. L'adopté peut se retrouver solitaire sans stimulation sensorielle dans une chambre solitaire, vaste et aux couleurs soigneusement choisies, mais dont l'espace est vide d'affectivité. C'est comme être seul dans une rue déserte le soir. Les objets, les jeux lui appartiennent, mais il ne les a pas inventés et dominés lui-même. Et puis, il y a les fameux mots « Ne touche pas à ceci ou à cela », mots destructeurs de l'initiative individuelle et du plaisir à s'intégrer dans l'espace. L'espace, c'est nous qui devons l'investir, l'explorer, pour sourire au plaisir de la découverte du monde, pour nous donner le plaisir de l'infini.

Françoise Dolto abonde dans votre sens et parle aussi de ces adoptés qui sont plus heureux dans une bande d'enfants. Elle dit que « ces enfants ont besoin de collectivité et pas du tout d'un père et d'une mère qui sont centrés sur eux. C'est par l'adoption qu'ils sont dérythmés par rapport à ce désir d'être en collectivité. Ils risquent de devenir dérythmés partout, donc délinquants. [1] »

Tout à fait d'accord, mais quand l'adoption s'est produite, il est trop tard. L'adoption peut parfois créer plus de

---

1. *Tout est langage* (extrait de conférence), Folio Gallimard, 1987.

malentendus que si l'enfant était resté dans son monde de terrain « vague » (en apparence) et pauvre où tout est irréel, imaginaire et où il est possible de trouver un espace à soi et en soi, espace qui n'est pas occupé par ses parents, qui volent cet espace imaginaire pour le rendre riche d'objets donc réel, sécurisant et fermé.

Vous mettez en doute le bonheur de l'enfant dans une famille classique ?

Je crois que certains enfants n'ont pas toujours besoin d'une famille. Une famille enlève la liberté de l'enfant au milieu du groupe de la pouponnière. Il devra s'adapter à des parents adoptifs qui ont un mode de communication très différent de la nounou et des autres enfants abandonnés. Et voilà le malentendu pour l'enfant et les parents qui ont été manipulés par un système qui leur a fait croire que la famille nucléaire – père mère enfant – est le seul modèle valable dans une civilisation digne de ce nom, alors qu'il existe au sein d'autres pays du Sud des modes de fonctionnements familiaux variés et non imposés par l'appareil juridique.

Vous dites une chose curieuse : « Je suis content d'avoir eu une famille adoptive déstructurée, c'est cohérent avec ce que j'ai vécu. »

L'adoption crée une rupture avec la famille d'origine. Ce qui dérange un être humain, c'est l'incohérence. Quand je me suis retrouvé avec mes parents adoptifs en souffrance, déstructurés, en manque d'amour, ils me renvoyaient à mon propre passé déstructuré d'abandonné. La violence verbale des membres de ma famille reflétait l'idée que le bonheur était impossible, car ils avaient reçu si peu d'amour eux-mêmes. Cette violence était cohérente avec la violence de l'abandon vécu en Inde et la lutte pour la survie. Quand je me suis posé des questions sur mon pays et sur mes origines, cette famille adoptive stressée et nerveuse m'a renvoyé à ma nervosité, à ma recherche intérieure et à ma révolte. Ma révolte m'a aidé à m'intéresser à mon pays d'origine et à me poser des questions sur mon passé et mes parents biologiques. Mon père adoptif est mort et ma mère adoptive ne veut plus me voir ; je n'ai donc plus peur d'un abandon. Je peux enfin être moi-même en étant en contact symbolique avec ma mère biologique, ma culture d'origine et en cohérence avec le bébé abandonné que j'ai été. Comme si je n'avais jamais été adopté. Donc je ne me sens plus redevable de quoi que ce soit. Mais quand un adopté a trop reçu matériellement et affectivement de ses parents adoptifs, il ne peut trouver de prétexte pour se révolter contre eux et se construire. Il apprend ainsi à vivre dans le déni et dans le paraître sans vivre spontanément, avec cette peur d'être abandonné une seconde fois s'il ne se comporte pas adéquatement. Un adopté m'a dit : « J'aurais bien voulu vivre la rupture que tu as connue avec ta famille, car tu peux te permettre de la critiquer, moi pas, je n'ai aucune raison de me plaindre, car j'ai tout ce qu'il faut ! »

Ce type de choix comportemental de révolte n'est pas spécifique aux adoptés, il s'applique aussi aux enfants dits biologiques.

Je suis d'accord, mais chez l'adopté qui a été adopté au-delà de un an, ce besoin de cohérence ou de recherche d'incohérence est plus intense du fait que son conflit intérieur est relié à quatre parents, ses parents biologiques et ses parents adoptifs, et à deux modes de vie culturels totalement différents, celui de son pays d'origine et celui du pays d'accueil.

Vous parlez de la transmission qui a été coupée, mais qui n'a pas disparu malgré les différentes ruptures et séparations que vous avez connues.

Il m'a fallu des années pour retrouver ce qui était endormi en moi et ce qui constituait la richesse émotionnelle et vitale venant de ma mère, de mon père et de mes ancêtres. Ici, dans les pays du Nord, on est obligé d'avoir des manières et de réduire au maximum la puissance de ses sens et donc, on se plie au système dictatorial de limitations expressives, d'un visage neutre, mais on sait que ce refoulement de l'expressivité est mauvais pour la santé. Il est à mon avis un des facteurs de la dépression, de l'agressivité et de la solitude. Jusqu'à l'âge de deux ans, j'avais vécu cette richesse sensuelle puis j'en ai été privé à cause du déplacement en Europe. Le problème, c'est qu'on a peur de la sensualité ici. On la confond avec l'expression sexuelle qui devient une obligation sociale alors que les gens sont inhibés du côté sensoriel. Le fait d'avoir reçu cette sensualité en Inde m'a aidé à surmonter certaines déprimes et m'a valu des moments uniques et intenses avec des femmes qui avaient reçu beaucoup de gestes tendres de la part de leurs parents.

Vous dites que « déplacement + remplacement = oubli ». Pouvez-vous développer ?

Quand on vous déplace d'un lieu à un autre, qu'on remplace vos liens précédents (mère biologique, nounous, infirmières, contacts avec les bébés) par d'autres personnes, notre cerveau n'a pas d'autre choix que de s'adapter rapidement à un autre mode de vie, à un autre climat et à un autre mode relationnel. S'adapter, c'est ce qu'on a fait depuis le début de notre abandon, s'adapter comme nous l'avons fait précédemment quand on a dû quitter le foyer maternel pour la pouponnière. S'adapter, s'intégrer, ce n'est pas du tout un plaisir, un choix ou un talent de résilient, c'est une question de vie ou de mort. Changer de vie, d'environnement, de contact avec des personnes d'une autre couleur et de sensualité différente est une survie permanente et non un tempérament qui doit susciter l'admiration. Trop s'adapter, c'est ne pas exister, c'est survivre et accepter en silence. On n'a pas le temps de réagir et de refuser ce changement de contexte géographique et familial. Ce silence de l'adopté s'adaptant sans rechigner est préjudiciable à sa vitalité ultérieure, à sa capacité d'être lui-même, d'exprimer ce qu'il ressent et d'être un être mûr, créatif et en bonne santé.

L'idéal est d'affronter ses parents adoptifs (comme peut le faire n'importe quel enfant biologique face à ses parents) en marquant sa douleur d'avoir été ballotté entre différents espaces et déraciné de son pays d'origine, lointain et à la culture spécifique. Mais l'adopté a si peur d'être abandonné une seconde fois ! Cette révolte me paraît salutaire et permettrait à l'adopté de vivre. Mais comme il est imprégné du traumatisme du survivant, il développe des moyens de survie pour accepter le changement. Or, qui peut mieux qu'un adopté survivre au changement ? Qui peut mieux se taire face à une souffrance apparue avant de parler et de crier sa douleur ? Malheureusement, les défenseurs de l'adoption continuent de penser que cette adaptation au changement est remarquable, sans voir qu'elle est vécue par l'adopté dans un conditionnement à la survie et à l'obligation d'accepter le déracinement. Ce déplacement et ce remplacement mènent à l'oubli de ce qu'on a vécu. Cela renforce l'absence d'affectivité, jusqu'à être indifférent à la mort d'un proche. J'ai connu des adoptés qui avaient été adoptés à six ans, à dix ans, et qui ne se souvenaient de rien, même pas de leur langue maternelle. Cela arrangeait les parents adoptifs. Mais cette mémoire du corps, endormie par l'adoption, met un terme définitif aux retrouvailles avec ses réflexes profonds. Au lieu de vivre l'innocence d'un enfant, on vit la douleur d'être coupable de réagir en entendant ou en supposant qu'on a tant de chance d'être adopté.

Quand vous parlez d'adaptation de l'enfant à ses parents, ne pensez-vous pas qu'à notre époque, différente de la vôtre, ce sont plutôt les parents qui s'adaptent à la situation de l'adopté ?

Dans les années 1970, il y avait peu de place au dialogue et, dès lors, c'est l'enfant qui s'adaptait à ses parents, qu'il ait été adopté ou pas. Actuellement, il y a un rééquilibrage des rôles, mais de toutes façons, s'il y a problème d'attachement, je pense que c'est souvent chez l'enfant qu'on va débusquer des problèmes soi-disant pathologiques. Les parents entraînent trop souvent des adoptés dans des psychothérapies ou des rééducations particulières, alors qu'il faut préparer les futurs parents aux différences culturelles et de caractère et à soigner leur deuil de stérilité. Sinon, les psychologues peuvent soigner l'enfant sans soigner le parent. Ce qui peut expliquer le nombre croissant de divorces au sein des couples de parents adoptifs, car ils n'ont pas trouvé leurs marques et leur rôle respectif dans l'éducation de cet enfant venu d'ailleurs. Je dirais que s'adapter, pour l'enfant, c'est une manière de cacher ses vrais sentiments à l'autre. Ce qui compte, c'est le dialogue entre parents et enfants, mais ce sera plus dur si le parent n'effectue pas un travail sur soi.

Vous avez effectué vous-même une thérapie. Pouvez-vous en expliquer le contenu et ce que vous en avez retiré ?

Si je conseille aux parents adoptifs de faire une thérapie, c'est parce que j'en ai fait l'expérience et qu'elle a été bénéfique, même si elle n'a pas encore opéré de changements profonds en moi. C'est du long terme, jusqu'à la mort. Cela exige beaucoup d'humilité et de courage de reconnaître que l'on va mal. Je conseille une thérapie avec un psychiatre, qui lui-même serait supervisé par une équipe, ceci pour éviter qu'il ne fasse des transferts de son vécu et de ses émotions sur le patient.

Pourquoi avoir choisi une thérapie de ce genre, plutôt classique et relativement chère ?

À un moment donné de ma vie, j'étais vidé, épuisé par tout ce que j'avais vécu. Ma compagne à l'époque m'avait proposé de voir un psychiatre psychanalyste. J'ai essayé d'autres thérapies, mais je les trouvais culpabilisantes et superficielles. La psychanalyse me paraissait la juste mesure entre les thérapies superficielles et les autres émotionnelles. Cela coûtait cher, oui, mais si je n'avais pas effectué une thérapie sur moi-même, je l'aurais payé autrement en frais de santé et en destruction de mon entourage ! Mon problème à l'époque : peu de communication, peu de tendresse et une incapacité à établir une relation réciproque amicale ou amoureuse.

Quels étaient vos objectifs concernant la thérapie ?

J'avais compris une chose en soi banale : quand on est mal dans sa peau, on ne peut pas avoir de relations saines avec soi et les autres. Nos problèmes intérieurs se répercutent chez les autres et vous créez des tensions chez eux, vous ne les écoutez pas vraiment, vous êtes trop plongés dans vos problèmes personnels. Vous finissez par rompre, en projetant sur eux vos croyances, sentiments, émotions, douleurs que d'autres vous ont infligés. J'attirais tel type de personne séduisante et gentille, un type de personne qui me manipulait ; moi-même, je manipulais les autres, par peur d'être abandonné, car j'ai découvert dans mon éducation des nœuds artificiels que j'ai noués à mon insu et qui ont abouti à des catastrophes relationnelles répétitives. J'ai agi de la sorte pour éviter ce vide relationnel dû à la peur d'être confronté à ma propre souffrance. Si on a peur de sa propre souffrance, les autres en seront victimes, la boucle est bouclée, on les fait souffrir à notre tour pour éviter de se voir comme on est réellement.

Vous défendez ce type de travail thérapeutique et en même temps, vous le critiquez.

En thérapie, j'ai eu pour la première fois de ma vie un espace à moi, en un temps déterminé, et une personne neutre qui m'écoutait. Cela m'a permis d'enlever des nœuds, des blocages, des couches de granit comme je les appelle, de voyager au cœur des émotions pour en retirer le plus beau : s'accepter soi-même pour apprendre à accepter l'autre. Mais le travail thérapeutique psychanalytique est basé sur le mental, la mémoire de faits et de mots, il ne travaille nullement le corps, ses mémoires et douleurs profondes. Par contre, faire une thérapie primale qui intègre à la fois le mental, le mot, l'émotion, l'écriture, la créativité et l'expression du corps aurait été l'idéal, mais franchement, je n'en ai pas eu le courage.

CHAPITRE 4

LE MALENTENDU

Si vous êtes pour l'adoption, vous êtes inhumain, si vous êtes contre, vous l'êtes davantage ; tout est fait pour que le concept d'adoption vous prenne dans un piège à souris de tous côtés comme pour vous démontrer son dilemme.

Bim TILAK

La philosophie de la raison pratique conduit au commerce.

Arthur SCHOPENHAUER

D'après vos interventions dans les médias ou les articles à votre sujet, on est frappé par le fait que vous êtes contre l'adoption.

Cela fait quarante ans que l'on déifie l'adoption, aussi la première fois qu'un adopté, de surcroît d'origine étrangère, remet en question l'adoption, il est normal qu'on ait tendance à mettre en doute ses propos parce qu'ils suscitent la polémique. Il serait plus juste de dire que je suis contre le système de l'adoption plénière. Je trouve regrettable le manque d'analyse, de réflexion, de préparation qui ne trouve pas d'autre solution que l'adoption qui semble pour la majorité la solution idéale. Je suis contre l'adoption plénière, parce qu'elle ampute l'enfant de son histoire puisqu'elle efface toute trace de son origine. L'adoption plénière supprime l'existence de parents biologiques au profit des parents adoptifs qui deviennent les seuls et « vrais » parents. L'adoption plénière rend quasi impossible la recherche de son origine.

Vous dites qu'on donne des solutions toutes faites, sans poser la question même de l'adoption ?

Un adopté d'origine coréenne m'a fait remarquer, je cite : « Pourquoi ne pose-t-on pas la question sur les raisons profondes de l'abandon ? Pourquoi les parents sont-ils amenés à confier leur enfant à une adoption étrangère ? Pourquoi se penche-t-on sur la satisfaction des parents adoptifs plutôt que sur l'enracinement de l'enfant dans sa famille biologique ? » J'ajoute : comment se fait-il que la Chine, actuellement grande pourvoyeuse d'enfants à adopter à l'étranger, déjà puissance économique mondiale, ne parvienne pas à trouver des parents adoptifs dans le pays même (sur un milliard et demi de Chinois, il doit bien y avoir quelques milliers de parents stériles en attente d'enfant, même si c'est une fille) ? Dans le même temps, comment expliquer que même dans un pays aussi développé que la France, l'ASE (Aide Sociale à l'Enfance) ne trouve pas de familles pour les

3 000 enfants adoptables dont elle a la charge ? Trop âgés, de couleur, adultérins, malades, en fratrie, ces enfants sont privés de famille. Pourquoi ? Doit-on occulter les problèmes de misère et d'abandon dans un pays riche pour préserver son image de prospérité aux yeux de la société et du reste du monde ?

Vous parlez d'un facteur qui serait à l'origine de l'existence de l'adoption ?

L'origine de l'adoption est trouble. L'adoption d'adulte à adulte, d'homme à homme, a existé dans l'Antiquité, notamment celle de l'esclave par son maître, uniquement entre hommes. L'adoption entre adultes a été conservée dans le Code civil créé par Napoléon en 1804. À l'époque, on ne s'attachait pas à l'enfant abandonné, le secret de ses origines était nécessaire. C'était un principe établi. Un enfant abandonné était l'enfant du péché. Le péché crée le désordre social des bonnes âmes. Au début des années soixante, période où s'est mise en place l'adoption internationale, il fallait premièrement cacher le passé de l'enfant abandonné (d'où le fait que beaucoup d'adoptés adultes ne sauront jamais d'où ils viennent) et, deuxièmement, trouver des parents adoptifs de confession catholique, aptes à racheter leur couple qui battait de l'aile. La congrégation religieuse, avec l'aide de l'organisme d'adoption, faisait d'une pierre deux coups : elle résolvait le problème du « péché » de l'enfant abandonné et cachait ce péché en ressuscitant l'enfant au moyen de l'adoption par des parents catholiques qui sauvaient cet enfant de la misère, mais surtout du péché.

Vous osez parler de « mission spirituelle occidentale » ?

Cela vient de mes recherches d'articles au sujet de l'occupation coloniale française en Inde qui, en fait, regroupait les cinq comptoirs français : quatre au sud et un au nord de l'Inde. Le plus important était Pondichéry, car c'est une ville portuaire stratégique située au sud-est de l'Inde qui ouvre la voie aux pays d'Extrême-Orient. Je suis tombé sur un article fort intéressant, des années 1950, publié dans le *Parisien libéré*. On y parle de « mission spirituelle en Inde ». Je cite : « La mission première de la France en Inde est d'ordre spirituel et moral. Elle consiste à instruire l'Orient aux traditions millénaires des progrès de la science et de la pensée occidentale, à se familiariser avec le génie d'une race qui n'a pas fini d'étonner le monde puisque c'est d'elle que le monde attend les seuls messages universels de vie et d'harmonie. » Par l'adoption, on démontre la supériorité de la race blanche, mais au-delà de cet aspect idéologique, on peut penser que l'adoption induit un échange : vous nous donnez vos enfants en Occident, on en fait de bons et loyaux catholiques et nous vous vendons des produits français ; de cette manière, on fait de votre ville une ville touristique et riche grâce aux mouvements des échanges économiques. C'est ce qu'elle est devenue sans que cela ne profite à la population pauvre.

Vous n'êtes pas tendre avec les organismes d'adoption.

Mon cas d'adoption, qui fut un échec, a eu une influence sur mon besoin d'analyser les motivations et les faux-semblants de l'adoption, mais peut-on me le reprocher alors que je ne pense qu'au bien-être de l'enfant ? Je suis frappé de voir que dans les organismes d'adoption, les gens ne sont pas spécialisés dans la petite enfance, même si depuis quelques années la loi prévoit le contraire. Ce sont en général des assistants sociaux ou des parents adoptifs qui travaillent comme bénévoles dans l'association, espérant aider les futurs parents adoptifs en attente d'enfant. Un assistant social ou une personne adoptante n'est pas un spécialiste de l'adoption. Ils ne sont pas prêts à entendre l'adopté, qui exprimerait certaines vérités qu'on ne veut entendre. Il y a des psychologues dans ces organismes, mais aucun n'a voulu me rencontrer, car aucun n'est spécialisé dans l'adoption.

Cela fait plus de vingt ans que je réfléchis sur ce thème. S'ils ont peur d'une rencontre, de mes réflexions et de mon point de vue, sans doute est-ce parce qu'ils ne sont pas assez mûrs pour comprendre l'adopté. S'ils ne peuvent et veulent pas comprendre un adopté, comment vont-ils comprendre les autres adoptés, comment vont-ils répondre aux questions des parents adoptifs si leur enfant adopté vit des problèmes d'identité ? Comment ces gens qui défendent une idéologie politique peuvent-ils défendre la Charte des Droits de l'Enfant de La Haye de 1993 (qui défend l'intérêt supérieur de l'enfant et le respect de ses droits fondamentaux, à savoir le maintien dans son milieu et pays d'origine) s'ils rejettent toute remise en question de l'adoption ? Ces gens défendent l'adoption et leurs « clients », pas l'adopté. Il est ahurissant que l'autorité belge qui chapeaute les organismes d'adoption défende mes propos et soutienne mon premier livre, et que les organismes qui sont sous son contrôle ferment les portes pour m'empêcher de donner mon avis et témoigner des difficultés rencontrées par l'adopté. Ce qui me frappe dans ces organismes d'adoption (excepté un avec lequel j'ai eu d'excellents échanges), c'est leur manque de recul par rapport à mes propos, c'est leur indifférence glacée : ils sont surpris, désorientés, mal à l'aise, refusent d'entendre la souffrance, ne me croient pas. C'est ce que Boris Cyrulnik appelle la « neutralité bienveillante ». Je crois que ce qui dérange les organismes d'adoption, ce ne sont pas uniquement mes propos, c'est le fait que je ne suis plus l'enfant imaginaire, malheureux, exotique à secourir de la misère ; je suis devenu une réalité égale à la leur : adulte, responsable, confiant, mais pour eux, étranger, inquiétant par mes propos.

La plupart de ces organismes vous considéraient sans doute comme un cas particulier.

Mais nous sommes tous des cas particuliers ! Quand un cas d'adopté va bien, on le généralise, quand il va mal, on le particularise. Quand j'entends par exemple que 70 % des adoptés coréens en Belgique vont bien et que « seulement » 30 % vont mal, je me pose deux questions :

– tout d'abord, comment évaluer en pourcentage le fait de se porter « bien » ou « mal » ? Quels sont les critères et les grilles d'analyse ? Beaucoup d'adoptés restent silencieux longtemps, car ils se sentent ignorants de leurs propres traumatismes ou redevables vis-à-vis de leurs parents adoptifs. Il leur faut du temps pour se réveiller de leur amnésie et révéler ce qu'ils ressentent ; il faut des années pour obtenir de leur part des réponses personnelles, fiables, nuancées et précises. N'oublions pas que tout enfant est prêt à protéger ses parents par loyauté parce que ceux-ci sont perçus comme les seuls êtres capables d'assurer sa survie et son avenir. Donc, comment avoir des réponses fiables ?

– et deuxièmement, si les chiffres sont exacts, les 70 % de cas qui vont bien vont-ils résoudre les 30 % restants ? Cela réduirait au silence la minorité souffrante.

Vous ne croyez guère aux enquêtes auprès des adoptés.

Les questions induisent déjà le résultat attendu par l'enquêteur ! Il faudrait interroger ces enfants quand ils sont adultes et indépendants de leurs parents. Les inviter aux débats publics, aux colloques, mais cela se fait rarement dans nos pays, vu la nouveauté du phénomène et la peur des organisateurs, peur que les langues se délient et que les débats ne tournent en bagarre générale. Il est vrai que lorsque j'interroge des adoptés de manière informelle, ils peuvent penser par eux-mêmes sans barrière, sans autocensure et exprimer vraiment ce qu'ils ressentent. Devant un psychologue, ou leurs parents, ils ne s'expriment pas librement et pratiquent le silence, la politesse ou l'agressivité.

Vous ne ménagez pas les psychologues…

Ceux-ci pullulent dans le domaine de l'adoption. Le problème d'identité est à la mode, c'est un domaine porteur. Il permet à des thérapeutes de se créer une nouvelle clientèle nombreuse et variée. Quand ils sont en privé, ils sont d'accord avec mes propos ; en public, ils ont un autre discours plus diplomate et plus proche de la sensibilité des parents adoptifs, car ce sont leurs clients.

Le fait d'être un garçon vous dessert-il lors de vos interventions ?

Le milieu de l'adoption et des psys est un monde de femmes. Il ne s'agit pas d'y entrer et de le remettre en question. J'ai rencontré des femmes, psychologues, mères adoptives, bénévoles, responsables d'organismes d'adoption ou liées à l'adoption, le plus souvent, elles considèrent l'adoption comme une chasse gardée. On invite davantage des mères adoptives ou des filles adoptées dans les émissions ou les colloques parce qu'elles feront moins de vagues que les garçons qui pourtant seraient prêts à s'exprimer sur le sujet. On ne tolère pas encore vraiment qu'un homme soit sensible, capable d'exprimer des émotions et des sentiments profonds en donnant tant d'importance à son vécu. Je me suis retrouvé face à des femmes qui n'avaient pas réglé leur manque de féminité et leur composante agressive masculine. Elles ont une image caricaturale des pays du Sud, de l'amour maternel et de la mère en général, pas affectueuses, mais courageuses, et montrant à la société qu'elles prennent les choses en main et qu'elles sont porteuses d'une mission humanitaire. Aussi, il y a leur incapacité à reconnaître leurs échecs dans l'adoption tant leur ego est encore démesuré. L'Occident sait ce qui est bon pour le reste de l'humanité sans lui demander son avis. Il officie encore comme le « parent fâché » qui donne des leçons d'humanité et de morale à l'homme du Sud qu'il considère comme un enfant immature et turbulent. Ternir l'image de l'adoption voudrait dire ternir l'image propre et pure de l'acte humanitaire.

Un organisme belge vous a cependant invité.

Il s'agissait d'un organisme d'adoption d'enfants colombiens. Les responsables de l'organisme étaient des parents adoptifs. Ils craignaient de m'inviter, mais ils ont lu mon premier livre et m'ont contacté, réalisant que son contenu était intéressant et révélateur de silences qui pèsent encore sur l'adoption. Ils étaient prêts à m'inviter à une conférence en duo avec un pédopsychiatre qui était de mon avis pour remettre en question l'adoption, ouvrir le débat. Il trouvait vital que je vienne parler de mon expérience aux futurs parents adoptifs pour donner des suggestions afin d'éviter le pire.

J'en ai assez de la langue de bois pratiquée par la plupart des psychologues et des responsables d'organismes d'adoption. Ils s'adaptent au discours existant. Je me souviens avoir fait une émission de radio où une responsable d'organisme d'adoption était invitée. Elle défendait son point de vue en minimisant les problèmes de l'adoption et de l'adopté, en faisant un peu d'humour déplacé, disant : « Oui, mais dans les années 1960, la situation était bien pire. Actuellement, il y a des lois, l'agrément, il y a des structures d'accueil, des formations de parents adoptifs. Il y a eu des progrès. » J'ai répondu : « Les divorces de parents adoptifs ont aussi progressé ! » Après l'émission, elle me dit :

« Vous avez eu raison de dire tout cela, moi, je ne le peux pas. Vous me comprenez sûrement. » J'ai répondu : « C'est très dangereux ce que vous faites, vous vendez l'image de l'adoption et les gens vont se ruer dessus. Dites-leur la vérité sur la complexité de l'adoption. »

Comme l'a dit un ami adopté coréen : « Nous vivons dans une société "sparadrap", elle adapte sa législation pour répondre à des problèmes, et non pour les prévenir. » Une employée bénévole d'un organisme d'adoption m'a avoué : « On n'a pas les moyens et le temps d'analyser les situations. On doit répondre aux besoins de la clientèle adoptante qui devient de plus en plus exigeante. On n'a plus le temps de faire de la prévention, car nous sommes débordés par les demandes. Il est impossible de coordonner nos actions avec celles des intervenants, médecins, travailleurs sociaux, infirmières. » L'organisme d'adoption est comme une entreprise : elle s'adresse et s'adapte aux besoins du client, le futur parent adoptif. Une autre employée d'un organisme d'adoption belge m'a dit que j'avais un privilège, « celui d'être un électron libre, de ne dépendre d'aucune structure où il y a des rapports de pouvoir et où on ne peut rien contester. » J'ai appris peu après que cette personne sous couvert de discrétion avait quitté l'organisme tellement elle était déroutée par le manque de débat et de prise de conscience quant à l'avenir de l'enfant.

Vous avez suscité des réactions de la part de parents ou futurs parents adoptifs, est-ce aussi parce que vous défendez les adoptés contre les adoptants ? Dans vos

interventions, vous analysez au scalpel les problèmes des parents adoptifs, pas ceux des adoptés.

Je défends l'enfant, car il est sans défense face à l'adulte qui prend les décisions à sa place. L'enfant ne peut pas prendre de décision personnelle pour acquérir son autonomie, et c'est son besoin d'amour qui explique sa soumission ou sa rébellion vis-à-vis de ses parents. En tant qu'adopté, il a été utilisé sans qu'on lui demande son avis. Utilisé dès le début de sa vie, car coupé de ses racines généalogiques et de sa mère biologique, adopté à l'étranger, il ne comprend pas ce qui lui est arrivé. C'est pour cela qu'il faut défendre en priorité son intérêt et son épanouissement. Les parents permettent à leurs enfants de s'exprimer, ce n'est pas pour cela qu'il y a plus d'amour, de tendresse ou de respect entre eux. Les parents ne sont pas parfaits, mais ce sont des adultes. Ils ont pris une responsabilité, et non des moindres, d'élever l'enfant d'un autre, d'un autre passé et d'une autre culture. Je ne nie pas la possibilité des troubles d'attachement de l'enfant, mais il est impossible que les parents se mettent dans la peau d'un enfant qui a été abandonné. Le traumatisme est trop puissant. Les formations à ce sujet sont abstraites et théoriques alors que le vécu de l'adopté est réel et complexe. J'ai une anecdote à ce sujet qui montre le sens de certaines formations de parents adoptifs. Une employée d'une association belge préparant les futurs adoptants m'a raconté comment se déroulait un atelier de formation. Une animatrice avait réuni les futurs parents adoptifs en cercle dans une salle. Par des procédés de sophrologie (fermer les yeux, musique douce et suggestion verbale), elle demandait par des phrases lancinantes de s'imaginer dans la peau d'un enfant adopté, d'imaginer son abandon, la couleur de peau ; imaginer cet enfant venant d'un autre pays depuis son départ jusqu'à son arrivée en Belgique. Une participante m'a dit que c'était à mourir de rire, car les participants devaient imiter le comportement et réactions de l'enfant. C'était de la thérapie à deux sous qui coûtait d'ailleurs fort cher !

Ne culpabilisez-vous pas les parents adoptifs ?

Je suis là pour les sensibiliser et les faire réfléchir avant d'adopter. Le système est là pour leur pomper un maximum d'argent pour les rendre soi-disant moins coupables et plus capables. Il y a des parents adoptifs plus ouverts, plus humbles. Ils reconnaissent que je les ai aidés à comprendre leurs enfants ou qu'ils auraient dû réfléchir davantage avant d'entamer des démarches d'adoption.

Vous avez eu des coups de fil anonymes de la part de parents adoptifs furieux de vos interventions.

Les parents qui m'ont téléphoné étaient en souffrance et donc, au lieu d'exprimer leurs larmes, ils expriment leur colère vis-à-vis de moi, pour se protéger de leur sensibilité. Cela montre qu'ils ne sont pas suivis et soutenus après l'adoption. J'ai ouvert la boîte de Pandore, une boîte qui n'avait jamais été ouverte et qui recelait tant de frustrations et de douleurs liées à l'adoption. Ces parents qui me téléphonent sont des personnes responsables, comme n'importe quel adulte, de l'éducation de leur enfant, mais en même temps, ils ont un problème d'écoute, ils pensent que le problème vient de leur enfant. Les troubles de l'attachement viennent à point nommé pour déresponsabiliser les parents et rejeter la faute sur l'enfant. Or, quand on est deux, adopté et adoptant, on est en relation, l'un réagit en fonction de l'autre. Souvent la violence de l'un est le reflet du manque d'affectivité de l'autre. Je suis professeur et je sais que quand un élève est agressif, c'est aussi parce qu'il répond parfois à mon manque d'expressivité et à mes attitudes rigides, cela devient difficile de communiquer. J'ai l'honnêteté de dépasser mon ego et d'aller vers l'autre. Il ne suffit pas de prétendre aimer son enfant, encore faut-il bien le connaître ! J'en reviens encore au travail sur soi avec un thérapeute pour entrer dans le cœur de son histoire et ne pas en faire peser le poids sur l'enfant.

À ce propos, un père adoptif m'a téléphoné en disant :

« Vos propos sont scandaleux, c'est inadmissible de dire des choses pareilles. »

« Pourriez-vous vous présenter ? Moi, je n'ai pas besoin de le faire. »

« Je suis un père adoptif. »

« Je comprends, je vous comprends. »

« Je vous ai entendu à la télévision, vous ne pensez pas aux parents qui vivent des problèmes. »

« Vous-mêmes, vous souffrez, vous avez eu des problèmes ? »

« Ma femme et moi avons adopté une petite vietnamienne à l'âge de six mois. »

« Par quel organisme ? »

« Cela ne vous regarde pas, nous avons adopté le bébé le plus jeune possible. »

« Donc vous avez pu adopter une petite fille, je ne vois pas le problème. »

« Oui, mais ma femme est partie. »

« Pardon, votre femme est partie ? Là-bas, au Vietnam ? »

« Non, de la maison, elle est partie avec un autre homme. »

« Oh ! Mon Dieu, je vois. »

« Elle a réalisé qu'élever un enfant, c'était un job à plein temps, je me suis occupée de ma fille mais ma femme ne ressentait rien pour elle. Elle s'est rendue compte qu'elle n'était pas faite pour être mère. »

« Votre petite fille a besoin d'une thérapie. Il faut qu'elle comprenne ce qui s'est passé. Elle ressent, mais ne peut pas parler. Pour le moment, elle intériorise. »

« Mais de quoi vous mêlez-vous ? »

« Justement, je l'ai vécu, j'ai plus de recul, je sais ce qui leur manque. »

« Vous me parlez comme ça, eh bien, au revoir Monsieur. »

Voilà. Pauvre petite fille. Enfin, on ne peut prévoir comment cette enfant réagira, mais sans thérapie, elle prendra sur elle la responsabilité de l'échec des parents qui deviendra le sien. Cet échec renverra au premier échec dont elle se sentira responsable : l'abandon par sa mère biologique.

Vous ne croyez pas à ces mères qui ressentent, lors de l'attente de l'enfant, des réactions similaires à celles de la mère biologique ?

Une mère adoptive m'a écrit : « J'ai ressenti des douleurs dans le bas ventre, des bouffées de chaleur, des maux d'estomac à l'attente de mon enfant. » Je lui ai répondu : « Qui a coupé le cordon ombilical ? Avez-vous pu lui donner le sein plein de lait puisque par miracle, vous êtes devenue sa mère biologique ? » Cela vient d'un précepte ancien qui dit que les vrais parents sont ceux qui élèvent l'enfant, pas ceux qui lui ont donné la vie. De récentes recherches sur le lien qui unit le fœtus et sa mère biologique et sur le développement psychomoteur du fœtus démontrent qu'il y a une différence entre le lien animal et le lien de l'adoption. Il peut y avoir un lien d'amour entre un parent adoptif et son enfant (parfois plus fort qu'entre un parent biologique et son propre enfant), mais je m'insurge contre cette tentative d'assimilation, symptôme actuel où on assimile tel lien à un autre sans analyser leurs différences. C'est une question de respect de la personne concernée, à savoir l'adopté qui a perdu sa mère ou qui ne la voit plus. Ce précepte d'assimilation empêche l'adopté de se révolter et d'analyser ce qu'il ressent, ce qu'il a perdu et gagné par l'adoption. D'ailleurs Dolto dit : « L'adoption n'est pas une naissance, ni le milieu d'accueil un placenta. Le placenta n'existe qu'une seule fois, tandis que la vie après la naissance est sans cesse faite de médiations dans le langage. »

Selon vous, le candidat à l'adoption est trop souvent présenté comme une victime.

Le parent adoptif ne doit pas être vu comme une victime du système corrompu du pays d'origine de l'enfant. S'il n'était pas riche, il n'adopterait pas, s'il ne payait pas des sommes faramineuses, il y aurait moins de corruption. On va au plus offrant actuellement et les réseaux d'adoption via Internet où l'on expose des images d'enfants sur catalogue ne facilite pas l'humanisation de l'adoption ! Les Américains et les Suédois sont les plus offrants et quelques familles belges bien en vue (personnes travaillant à la Commission européenne, femmes célibataires carriéristes et fortunées, artistes connus, personnes de l'aristocratie belge, cadres hauts placés ou médecins) détiennent le droit « à » l'enfant comme on aurait droit à une voiture ou à n'importe quel objet de consommation. L'adoption actuelle sert les riches en mal de satisfaction identitaire. L'adoption frise l'obsession si bien que l'on parle davantage de l'adoption que de l'adopté, d'un vide existentiel à remplir et d'un portefeuille prêt à être vidé en toutes circonstances.

Est-il plus difficile d'être adopté qu'être parent adoptif ?

Il n'y a pas d'échelle de valeur de la souffrance. J'ai rencontré des parents adoptifs en souffrance, jugés par les psychologues et l'entourage, lâchés par les responsables d'organisme d'adoption quand celle-ci se déroulait mal. Ils n'osent pas exposer leurs problèmes en public. Quand ils me révèlent la motivation de l'adoption, il y avait souvent de leur part trop d'optimisme, pas de projet de couple, peu de connaissance du passé traumatique de leur enfant, pas de préparation mentale et peu d'écoute quant aux difficultés qu'ils pouvaient rencontrer. Mais je ne suis pas d'accord avec l'idée actuelle qu'il est plus difficile d'être parent adoptif qu'adopté. Soi-disant parce que les adoptés se comporteraient davantage comme des enfants biologiques alors que les parents adoptants seraient confrontés à une réélaboration imaginaire du statut de parent, laquelle serait plus complexe que celle des parents biologiques. Qu'on arrête de poser les parents comme victimes et les adoptés comme la cause de tous les maux ! J'ai rencontré des parents adoptifs qui étaient dépassés par leur statut, par la peur de l'inconnu, par un sentiment d'incapacité. Il y a des mères adoptives qui veulent tout assumer comme des mères courage qui sauvent un enfant et qui, de ce fait, dissimulent leurs problèmes identitaires par orgueil ou par impuissance. Une mère adoptive m'a avoué qu'elle ne désirait pas son enfant adopté, qui se révèle être plus un poids qu'une fortune. Peut-être y aurait-il moins de poids si on mettait en place, même dans l'adoption internationale, un accueil limité dans le temps, pour que l'enfant puisse retourner dans son pays pour ne pas être coupé de sa famille d'origine ?

En cas d'échec, si les parents reconnaissaient le non fondement de l'adoption de leur enfant, celui-ci souffrirait-il moins ?

Si certains parents adoptifs reconnaissaient l'erreur de l'adoption, l'adopté serait libéré du poids de la culpabilité d'être mauvais pour l'adoption et de sa réussite obligatoire. Des parents qui m'ont contacté ont reconnu auprès de leurs enfants la difficulté d'être adoptés, qu'ils avaient été trop vite dans leur désir d'adopter, qu'ils n'ont pas imaginé dans certains cas les conséquences fâcheuses pour le développement de leur enfant. Ils avaient été informés, mais pas assez soutenus.

L'adoption peut réveiller la douleur de l'abandon.

L'adoption peut réveiller chez l'adopté le traumatisme de la prise de conscience de l'existence de ses parents biologiques, et donc de l'abandon. Or, dans cette situation, les questions fusent : pourquoi de nouveaux parents, pourquoi ne vit-il pas avec ses « anciens » parents ? Commence alors l'escalade névrotique et coupable d'avoir perdu ses parents de départ. Quand on est abandonné et qu'on reste dans une crèche (pouponnière) au milieu d'autres enfants, on ne se pose pas de questions en termes parentaux. Ce n'est qu'après certaines années qu'un enfant se rendra compte qu'il n'a pas de parents. Cette idée de famille nucléaire est une projection occidentale de la nécessité de parents, d'une famille. Que de détails sur la solitude des enfants perdus au milieu d'un orphelinat ! Mais certains enfants n'ont pas besoin de repère parental, puisqu'ils n'existent pas ! Ils ont d'autres points de repères : les autres enfants et des substituts maternels de première importance.

L'adoptant est conditionné par ses besoins de famille enracinés dans son histoire, sa culture. Il va projeter ses besoins d'amour sur les besoins de l'enfant et l'adoption va prendre place, mais l'enfant vit dans un autre contexte avec des repères qui ne sont pas précisément familiaux, mais au contraire relatifs, chaotiques ou fluides. L'adopté n'a pas demandé à changer de points de repère. Comme il n'en a pas de précis, il n'en a pas besoin. C'est l'adoptant qui a besoin de points de repères ! Avec l'adoption, l'adopté se suradapte à un modèle créé par l'adoptant, lui-même conditionné par les images et principes familiaux à respecter.

Les critères de sélection des parents par rapport à l'enfant deviennent de plus en plus exigeants.

On est passé de l'exigence du produit de supermarché à l'exigence du « produit enfant ». Ne parle-t-on pas de marché de l'adoption, d'offre et de demande ? Actuellement, les parents adoptifs vont chercher l'enfant à adopter dans le pays d'origine. Ils sont amenés à entrer en contact avec la culture d'origine de l'enfant. Ce qu'ils y voient, c'est leur objectif : avoir un enfant, critiquer la culture du pays d'origine pour justifier l'adoption. Ces futurs parents sont présents pour remplir des formalités administratives et faire vivre l'industrie locale du tourisme en restant un ou plusieurs mois là-bas. Cet argent investi n'a rien à voir avec un intérêt pour entrer en contact avec la population et s'immerger dans les coutumes et rituels locaux, surtout que quelques mois plus tard, ils reviendront sur la bonne vieille terre occidentale avec ses coutumes et valeurs. Il y a une exploitation officielle et officieuse de ce qui est un mélange de désir d'enfant (plus on va dépenser, plus on a de chances d'avoir l'enfant) et de bonnes intentions pour obtenir certaines faveurs qu'on n'obtiendrait pas avec de l'arrogance. Cette attitude renforce encore l'idée de différence entre pays pauvres et pays riches.

Dans quels cas seriez-vous en faveur de l'adoption ?

Je suis contre le principe et ses méthodes. Je suis contre l'adoption plénière, car elle renforce l'idée de supériorité des pays riches sur – contre – les pays dits pauvres. Contre, car elle fait intervenir le facteur humaniste et maternel qui cache le facteur argent et motivations égoïstes. Il arrive que des parents adoptifs choisissent encore leur enfant sur catalogue. Contre parce que les responsables d'organisme ne sont pas formés et mûrs pour écouter les adoptés et les adoptants en difficulté *après* l'adoption. Le directeur d'un organisme chargé d'informer les futurs parents adoptifs, médecin, m'a dit quand je lui ai demandé si je pouvais intervenir lors d'une séance au même titre que le psychologue : « On n'invite pas n'importe qui », alors que mon premier livre sur le sujet était publié et reconnu par la critique belge, suisse et française. Comme me l'a dit un adopté indien : « L'organisme d'adoption fournit la marchandise, mais pas le service après-vente ! »

L'adoption est en contradiction avec le principe fondateur des Nations Unies, à savoir le droit pour chaque pays de disposer de lui-même sans intervention étrangère. Or l'adoption, par son déploiement international, viole le droit fondamental de la mère biologique de disposer de sa liberté de garder son enfant. Malgré sa remise en question récente, l'adoption jouit d'un succès considérable dans notre société de consommation liée à l'ouverture des marchés. Depuis que la Chine s'est commercialement ouverte sur l'Occident, l'adoption internationale a pris de l'ampleur. C'est en fonction d'un facteur économique et médiatique fort que la consommation naît. Dans les années 1960, la mode était d'adopter en Inde à cause de la médiatisation de la famine, la mode des drogues, de la méditation et des stars du rock comme les Beatles. Actuellement, c'est la Chine. La consommation naît de clichés émotionnels. Il suffit de montrer quelques images d'enfants qui dorment par terre dans les institutions pour que le sentiment maternel, parfois illusoire, naisse et crée de futurs consommateurs. Il y a le tourisme, les transactions financières internationales, l'ouverture de nouveaux marchés ; l'adoption trouve une place de choix dans un de ces phénomènes universels. Qu'on ne vienne pas me dire que l'adoption est alors un acte charitable !

Je suis nostalgique : j'aimais ces adoptions directes et naturelles (sans transaction financière) d'enfants juifs sauvés par des parents français durant la guerre. Dans les cas de guerre civile comme en Haïti, je prône l'adoption d'enfants avec connaissance des parents d'origine. Qu'on sache que si l'adoption existe, c'est en grosse partie parce que des dirigeants occidentaux ont placé des dictateurs et massacré discrètement des politiciens patriotes défendant les intérêts économiques et sociaux de leur pays. On pense au Cambodge et à Haïti par exemple. Ces pays du Sud se sont appauvris avec la colonisation et après avoir dépossédé ces pays de leurs richesses, on a le culot de prendre légitimement leurs enfants. Où va-t-on ? Jusqu'où ira-t-on ?

Vous trouvez le cas de la Polynésie intéressant.

La mère biologique polynésienne qui a trop d'enfants peut donner son enfant à des candidats à l'adoption. Les liens entre l'enfant et la famille biologique sont maintenus par les lettres, des moyens audiovisuels, des photos, internet. Dans ce cas, il n'y a pas de rupture avec les parents d'origine et on évite ainsi la compétition entre l'inné et l'acquis, entre les parents biologiques et les parents adoptifs qui deviennent alors des partenaires humbles et attentifs. J'espère que cette mode de l'acquis se nuancera un peu en accordant aussi de l'importance à l'inné sans verser dans le nationalisme primaire et le rejet de toute différence. Ce cas de la Polynésie permettrait de réévaluer l'adoption plénière internationale en ce qui concerne la rupture totale avec les parents et la culture d'origine.

On peut voir une amélioration dans l'adoption, car depuis quelque temps, les enfants adoptés, lorsqu'ils sont grands, ont la possibilité d'avoir accès à leurs origines. Ce n'était pas le cas à votre époque.

La position est vague et ambiguë. D'un côté, il y a l'adoption plénière, qui implique une rupture juridique et irrévocable avec les parents, avec la perte de la nationalité d'origine et, d'un autre côté, on permet à l'enfant de retrouver ses parents (souvent introuvables !), on lui donne quelque information sur son histoire à l'âge de dix-huit ans (âge légal de la majorité) et on lui dit qu'il a deux cultures, alors qu'il ne bénéficie pas de la double nationalité. Si on retrouve ses parents biologiques après des années, ce n'est pas facile non plus. Comment gère-t-on la situation alors qu'on n'a pas connu ces parents qui ne sont plus les nôtres depuis un trop long laps de temps pendant lequel on s'est battu pour s'adapter à la famille adoptive et au pays d'accueil !

Vous êtes vraiment contre l'adoption ?

Contre l'adoption plénière, oui. Je citerai encore un cas particulier que j'apprécie pour son honnêteté et sa simplicité. Je connais une femme française célibataire vivant en Inde. Elle a adopté une petite fille indienne de quatre ans. Cette adoption s'est faite naturellement et accidentellement. Cette petite fille a reçu un prénom français de la part de cette femme, mais elle n'était pas déracinée puisqu'elle vivait en Inde. Sa fille ne se sentait pas étrangère en Inde. C'est sa mère adoptive qui l'était, mais celle-ci avait décidé de finir ses jours en Inde. Sa fille à quatre ans a donc choisi d'être adoptée. Cette femme adorant l'Inde me disait que cette adoption est survenue sans transaction financière, simple démarche juridique avec l'accord de la mère à qui on avait donné la possibilité de donner son enfant. Cette mère adoptive ne jouait pas la carte de la complicité avec le système mercantile puisqu'elle vivait en Inde. Elle s'habillait comme une Occidentale tout en ayant adopté les habitudes et le rythme indien. La décoration intérieure de son domicile n'était pas obligatoirement indienne. Si la décoration était indienne, elle était adaptée à l'environnement et à ses goûts. L'apprentissage à l'école se faisait en français, mais sa fille n'a jamais voulu apprendre un mot de tamoul, alors qu'elle vivait au Tamil Nadu ! Elle n'en souffrait pas pour autant. Elle étudiait à l'école française où il y avait des Indiennes de parents indiens, mais comme elle avait la même couleur de peau, elle ne se sentait pas isolée. On lui posait des questions, mais on ne l'embêtait pas plus que cela. Elle expliquait que cette femme était sa famille d'accueil, donc il n'y avait pas de sa part le moindre conflit de loyauté ou le moindre secret des origines puisqu'elle y avait accès. De plus, cette petite fille maintenait des liens avec sa famille biologique. J'appelle cela une vraie adoption, car cette petite fille a choisi cette femme sans que celle-ci ne s'y attende. N'ayant jamais eu d'enfant auparavant, elle s'est laissée séduire sans avoir l'impression de « posséder » et de modeler l'enfant, comme cela se passe inévitablement dans une adoption internationale classique. Elle l'a élevée seule, sans complication. L'enfant ne se sentait redevable de rien puisqu'elle restait dans son pays. La fille vivait avec sa mère mais en aucun cas celle-ci ne se serait permise de s'immiscer dans sa vision du monde et des souvenirs. Comme je le disais, j'aime les adoptions directes, sans intermédiaires, naturelles. Pourquoi les adoptants ne pourraient-ils pas vivre dans le pays d'origine de leur enfant adopté, pour éviter à celui-ci d'être déraciné et coupé à jamais de sa culture d'origine ?

Autre exemple qui me touche. On m'a raconté le cas d'une maman belge, veuve, vivant en Belgique, qui a pris en charge un petit africain de sept ans qui était le fruit d'une aventure entre deux jeunes gens. Le père biologique est retourné en Afrique, la mère biologique vivait en Belgique et ne pouvait s'occuper de l'enfant, faute de moyens financiers. La femme belge l'a pris en charge. Quelques années plus tard, le père biologique a voulu récupérer l'enfant pour le faire travailler dans son commerce au pays d'origine. Que s'est-il passé ? La femme belge a demandé à l'enfant s'il désirait être adopté, il avait dix ans à l'époque, et il a dit : « Oui, adopte-moi, c'est toi ma mère. » Elle l'a adopté pour lui, pas pour elle. Cas trop rare. J'aime ce type d'adoption où l'adopté ballotté peut choisir son statut d'être humain et responsable. Voilà un vrai choix qui l'a aidé à mûrir et à retrouver sa dignité.

Vous défendez l'idée de parentalisation plutôt que l'adoption proprement dite. Qu'entendez-vous par parentalisation ?

La parentalisation contrairement à l'adoption est réciproque. C'est ce que j'ai vécu à différents moments de ma vie. Adopter un père de substitution par exemple est un acte de parentalisation, c'est-à-dire que la personne devient symboliquement un père, une mère ou un autre substitut parental. Je n'ai rien inventé. Ce mode relationnel existe notamment chez les Arabes, les Indiens et les Africains. Il laisse la famille ouverte et libérée des statuts de père, de mère, d'oncle, de tante ou de grands-parents. C'est grâce à mon premier livre que j'ai rencontré une mère de substitution qui habite Liège. Ensuite, j'ai toujours rêvé d'avoir une grand-mère, ayant perdu mes deux grands-mères adoptives avant mon adoption. Et voilà que je reçois une gentille lettre d'une dame de quatre-vingts ans qui me dit être touchée par mon témoignage lors d'une émission de radio. Je lui réponds, comme à mon habitude. Elle me laisse son numéro de téléphone, je la rappelle. Elle est belge, mais habite Paris depuis plus de cinquante ans. Je lui propose de lui rendre visite. Nous nous voyons. Veuve depuis plusieurs années, elle n'a jamais eu d'enfant. Comme nous nous entendons bien tout de suite, et que nous avons besoin d'affection, je lui demande d'être ma grand-mère, voilà qu'elle fond en larmes et me répond : « Vous avez été mis sur mon chemin, j'ai perdu mon mari il y a quelques années, je viens de perdre aussi ma meilleure amie. Toute la tendresse que je ne peux plus donner, je peux vous la donner, car vous en avez tant manqué, cela m'émeut beaucoup, oui j'accepte. » C'était un 20 novembre. Nous nous aimons beaucoup, nous nous téléphonons au moins une fois par semaine, je lui rends visite une fois tous les deux mois à Paris et c'est chaque fois la fête ! Rires, bons repas, discussions profondes et câlins tendres où je peux enfin me laisser aller dans les bras d'une mammy. Chaque année, nous fêtons la naissance de notre adoption. Je ne l'abandonnerai jamais. Je lui ai promis de prendre soin d'elle jusqu'à sa mort.

Revenons à cette idée de choix de l'adopté, comment pourrait-il choisir ses parents adoptifs ?

Je parle évidemment d'une situation idéale : j'imagine qu'on pourrait donner les moyens financiers et un soutien humain à la mère biologique de l'enfant pour éviter qu'elle ne l'abandonne. Pendant plusieurs années, l'enfant tissera une histoire, ses racines avec l'être qui lui a donné la vie, la mémoire corporelle et un noyau identitaire. Si la mère n'est pas disposée à s'occuper de cet enfant, qu'elle propose à l'enfant qui est en âge de s'exprimer de choisir d'être adopté ou non. À ce moment, il y a un consentement réciproque entre l'enfant et les parents adoptifs. On est loin de la décision d'adoption qui est prise par les parents et qui est unilatérale.

Pour vous, l'adoption est un produit de la société de consommation.

L'adoption détourne l'être (de la mère biologique, de ses racines, de la culture, de son quotidien, de ses gestes, de sa langue, des impressions profondes qui nourrissent l'être et le corps) au profit de l'avoir (avoir des parents, avoir une chambre spacieuse, avoir des jouets, avoir un diplôme, avoir une meilleure vie, avoir une autre langue). L'adoption est une greffe. L'adopté ne peut se plaindre puisqu'il a tout pour être heureux, pris au piège par la chance que l'adoption lui a donnée. Il ne peut se rebeller, car on se rebelle pour être soi. On se rebelle parce qu'on a été rejeté ou on évite de se rebeller de peur d'être à nouveau abandonné !

L'adoption ne se démocratise pas. J'ai rencontré des parents belges de condition modeste qui ne peuvent pas adopter parce qu'ils n'ont pas les moyens financiers suffisants pour payer l'adoption. Ils me disent : « On peut aimer, éduquer un enfant avec nos qualités, notre amour. » Si l'organisme d'adoption doit choisir entre des futurs parents qui ont de l'argent et d'autres qui en ont moins, ils choisiront des parents qui ont de l'argent parce que l'adoption coûte cher. On dira que ce qui justifie les frais élevés de l'adoption, ce sont les frais de logement et de nourriture de l'enfant adopté, le voyage des parents adoptifs, leur séjour dans le pays d'origine de l'enfant, les frais de traduction, administratifs, les frais de voyage du futur adopté, oui, des frais si chers dans des pays où la vie ne coûte rien !

La vraie question est : pourquoi l'adoption coûte-t-elle si cher ? Aucun organisme d'adoption n'a pu me répondre avec clarté et transparence, cela veut-il dire qu'il y a de l'argent sale qui traîne quelque part ? Je n'en ai aucune preuve. Le système est trop vaste et protégé. Je comprends que dans certains pays en voie de développement, on devienne avocat spécialisé dans l'adoption ! Dans les années 1960, les parents adoptifs payaient le prix du voyage de l'adopté et quelques frais administratifs, pas plus de 3 000 euros. L'adoption internationale arrangeait les gens de gauche et les babas cool. On donnait un enfant pauvre à des parents et on donnait à des couples antiracistes, en crise ou stériles, un enfant venant de l'étranger à coups de renforts médiatiques montrant la misère « inadmissible » du Sud. Période révolue, actuellement, on parle de plus en plus de droit à l'épanouissement individuel. Le droit au bonheur, le droit de satisfaire son ego surtout quand on a un compte en banque bien rempli. L'adoption arrive à point nommé. Si elle était gratuite, elle n'intéresserait pas les riches, car ils ne monnayent que ce qui a de la valeur et donne du sens à leur fortune. Si l'adoption était gratuite, les parents adoptifs pauvres y auraient accès. Cela dérangerait les riches et les organismes d'adoption, car l'adoption perdrait son image prestigieuse par rapport au reste du monde. Il y a de la part des riches une recherche d'exclusivité, de beauté et de rareté. Dans l'adoption, il arrive qu'on choisisse un enfant sur mesure. Ce qui rend le processus de l'adoption inhumain, ce sont les efforts des parents qui connaissent des personnes influentes ou qui cherchent des tuyaux pour aller vers tel ou tel organisme qui accepte mieux tel ou tel type de demande, où les enquêtes sont plus « cools ». Une mère adoptive a adopté une petite Chinoise grâce à des parents adoptifs qui avaient été acceptés et sélectionnés avant elle pour adopter. Pendant des heures, elle a passé en revue les questions « d'examen ». Où est l'acte humanitaire ? Où est leur compréhension du sens de l'enquête, à savoir la protection de l'enfant qui a déjà subi un traumatisme avant l'adoption ? Oui, une enquête approfondie pour éviter à l'enfant une seconde rupture ; une enquête pour que l'adoption se passe mieux et qu'on évite le pire. Ils ne se posent pas la question : pourquoi y a-t-il plus d'enquêtes qu'auparavant ? Eh bien, c'est parce qu'il y a eu des échecs, des abus de la part de parents adoptifs qui n'ont pas compris les problèmes d'identité de l'adopté, et ces conduites sans enquête ont abouti à des échecs relationnels. Il faut éviter de les reproduire. Certains candidats adoptants sont malins : ils mettent en avant le geste d'adoption au niveau vital et humanitaire.

Il y a un lien entre la peur et la consommation. Les gens en mal d'être pensent qu'en consommant l'adoption, c'est-à-dire en ayant un enfant à n'importe quel prix, ils auront moins peur de la mort, de la vieillesse, que leur sentiment de vide disparaîtra et que leur besoin sera satisfait. Je suis à contre-courant de cette illusion, car je lutte aussi contre les principes extrêmes de la société de consommation. Au lieu de leur dire : « Allez-y, remplissez votre caddy pour remplir votre vide », je leur dis : « Si vous avez peur, si vous voulez qu'une adoption se déroule bien, essayez de vous analyser, soyez honnêtes vis-à-vis de vos motivations profondes, analysez votre histoire personnelle, votre couple, vos rapports avec vos parents. » J'ai même dit à certains couples qui prenaient contact avec moi : « Il vaut mieux que vous vous sépariez tout de suite plutôt que d'entreprendre des démarches et de construire le projet d'adoption toute seule » (c'est souvent une démarche féminine d'adopter), même si certains hommes font la proposition par amour pour leur femme (pour ne pas la perdre), proposition qui risque d'avoir des conséquences fatales. Par exemple, il y a eu des femmes qui se sont rendu compte que leur mari était raciste, hyper matérialiste, peu disponible, peu affectueux ou mettant trop en valeur le prestige social d'avoir un enfant, au lieu d'aimer l'enfant pour lui-même avec ses éventuels retards intellectuels et ses vertus.

Vous parlez de l'ambiguïté entre les parents et l'adopté.

Comme il y a absence de lien de sang, l'adopté doit établir un lien filial pour justifier l'appartenance à la famille, c'est pour cela que l'on entend tant d'adoptants et d'adoptés insister sur la « vraie famille » adoptante. Ce n'est pas seulement un vœu de loyauté, mais aussi un moyen d'échapper à la question de l'inceste. Légalement, l'adopté est le fils de sa mère, mais par l'adoption, l'interdit est moins fort puisqu'il n'y pas de lien de sang. Si la mère ne reconnaît pas cette différence, c'est qu'elle désexualise le lien à son fils adoptif. Des adoptés insistent quand ils parlent de leurs parents adoptifs et de leur admiration sans borne pour leurs parents. Dans un lien biologique, tout se passe naturellement, il y a un long chemin depuis la grossesse qui forme le plus fort attachement jusqu'à un certain détachement, un rejet même, des sentiments ambivalents profondément justes, car enracinés dans la nature, c'est-à-dire sans qu'il y ait contrôle de soi et justification.

Est-ce que considérer les parents adoptifs comme des amis ou confidents, ce n'est pas aussi un moyen de maintenir un lien avec les parents biologiques ?

L'amitié, c'est gratuit, et l'amitié ou le statut de confident ne fait pas intervenir l'aspect financier. Dès qu'il y a rapport parent-enfant, le rapport à l'argent est très important. Être confident, c'est tenter de faire oublier l'aspect financier de l'adoption. J'ai raconté à mon psy un rêve que j'ai fait : j'étais devenu de l'argent, habillé et couvert de billets de banque. J'étais devenu un spécimen aux yeux des spectateurs et convoité par des observateurs prêts à faire monter les enchères pour m'acheter. En tant qu'adopté, je n'ai aucun statut parce que je n'ai pas choisi mes parents, donc le rapport à l'argent s'oppose au rapport charnel du ventre où la naissance est gratuite, un miracle de la nature. L'adoption est un acte de civilisation qui tente de remettre en question les liens de sang, qui réussit juridiquement à assimiler les liens de sang aux liens d'adoption. Dans l'adoption, n'accepte-t-on pas un enfant venu d'ailleurs, un enfant né dans un autre ventre parce qu'il devra être comme nous ? Perdre sa nationalité et ses liens biologiques à tout jamais ? L'acte d'adoption nie toute appartenance aux racines animales mère-enfant. Le propre des animaux est qu'une espèce ressemble à ses congénères. Dans l'adoption, on renverse ce phénomène et on parle de progrès, d'universalisme, de multiculturalisme. Un Blanc qui adopte un Noir oui, mais un Noir qui adopte un Blanc, c'est une insulte aux représentants politiques et économiques de la civilisation, censés montrer au reste du monde leur supériorité. C'est peut-être aussi pour cela qu'il n'y a pas suffisamment d'adoptions autochtones : parce que le pays occidental impose encore ses valeurs comme les meilleures à vivre.

Vous parlez des notions de richesse et de pauvreté, interchangeables selon vous.

Je pense que ce qui est richesse pour l'un n'est pas richesse pour l'autre. De plus, ce qu'on gagne quelque part, on le perd ailleurs. Pour gagner quelque chose, on doit le payer ailleurs, sacrifier quelque chose, ce qui peut expliquer l'avarice des gens riches ! En Inde, la richesse est ailleurs et quand un Européen débarque en Inde, il fait des projections de sa peur de la pauvreté et devient honteux de sa richesse et pourtant la richesse n'est que matérielle. Pour un Indien, la richesse matérielle est fragile, car elle peut se perdre à tout moment, la richesse intérieure est inépuisable, elle est construction personnelle, elle est humilité et curiosité, curiosité qui est probablement la richesse la plus extraordinaire de l'être humain, car elle nous donne accès à toutes les autres. De nouveau, des personnes prônant l'adoption ont été conditionnées par des images de la misère dans les pays « pauvres » du Sud, mais j'ai remarqué dans les discussions avec ces soi-disant humanistes que ce qui domine chez eux, c'est moins la compassion vis-à-vis des démunis que le sentiment de supériorité confirmé par ces images médiatiques et leurs commentaires. C'est cette réaction-là qui donne un sentiment de supériorité aux défenseurs acharnés de l'adoption. Ces gens ont plus peur de la misère chez eux que celle de là-bas. La première les renvoie à leur misère intérieure et les met mal à l'aise, car ils n'ont pas seulement honte d'être des privilégiés mais ils ont aussi honte de voir qu'un pauvre dans leur pays ne se prend pas en main pour devenir riche comme eux. Il faudrait qu'ils osent voir la misère chez eux. Cela donnerait à ces personnes le sentiment que leur pays est fragile aussi.

Vous dites que l'adoption plénière est un acte égoïste. Pourtant, l'acte sexuel est aussi un acte égoïste vous diront certains enfants biologiques non désirés à la naissance.

L'acte sexuel est ancré dans la nature depuis l'existence de l'homme et il est si complexe qu'il dépasse la dimension rationnelle. On se trouve devant le merveilleux. Un enfant biologique peut se mettre en colère contre sa mère s'il n'a pas été désiré. Si l'adopté se met en colère contre son adoption, c'est contre un vide, sans fin et sans logique. Cette colère se retourne contre lui. Ses parents biologiques sont loin de lui, séparés de son contexte, idéalisés, haïs ou oubliés. Il n'y a pas de confrontation directe, vu la distance, les problèmes pratiques et matériels inondant la vie, le temps écoulé, la différence de langue, de culture, d'approche, l'empêchent de toucher ses géniteurs. Il lui est quasi impossible de se réconcilier avec ses géniteurs et avec lui-même. Il faut du temps, des lettres, des contacts à distance, mais cette distance géographique, culturelle et temporelle ne facilite pas ce travail de deuil, bien au contraire. C'est peut-être pour cela aussi que l'adoption internationale existe.

Pour vous la préparation à l'adoption est abstraite, loin de l'idée naturelle de l'enfantement.

Cette préparation de l'enfant est artificielle. L'organisme du pays d'adoption et les intermédiaires du pays d'origine vont se charger avant l'adoption de « fabriquer » le lien entre l'enfant et ses nouveaux parents. On parlera à l'enfant, on lui racontera son histoire, on lui dira qu'il sera adopté, mais une information n'est pas un sentiment. On lui montrera des photos du pays d'accueil et de ses futurs parents, on lui dira que ses parents d'origine l'aimaient beaucoup mais qu'ils ont dû le donner en adoption. On est dans le virtuel. C'est un conditionnement qui pousse l'enfant à adopter ses parents adoptifs, ce qui n'est pas naturel. La détresse dans laquelle il se trouve lors du voyage, la désorientation, le poussent à aller vers le premier venu, la mère adoptive. La mère a autre chose en tête : s'approprier, s'attacher à un enfant démuni à qui il faudra tout apporter. Et il faudra que l'enfant impuissant face à ce sentiment maternel convainque sa mère et se convainque lui-même que sa mère adoptive est sa vraie mère. Je me souviens de certains flashs : quand je suis arrivé à l'aéroport belge et que mes parents et proches m'attendaient, on a eu beau dire que c'était mes parents, pour moi c'était des étrangers. Mon frère enfin, le fils biologique de mes parents adoptifs, m'a donné un jouet que j'ai jeté à terre. Dès que j'ai vu tous ces visages souriants, j'ai voulu tout de suite repartir, mais il était trop tard. J'étais pris et enfermé dans un clan et un bonheur à jamais obligatoire. J'ai revu une photo de moi à deux et demi où je suis pétrifié, paralysé, au bord de larmes qui n'allaient jamais couler. Cette immense joie des parents contrastait avec mon sentiment de rejet. Moi qui étais habitué à un contexte particulier, à des visages basanés et de mon âge, je voyais tant d'adultes qui m'effrayaient par un intérêt aussi soudain qu'absurde.

Un autre argument contre l'adoption plénière : on sépare délibérément un enfant de ses origines.

La fonction première de l'adoption, dit-on, est d'apporter une famille à un enfant, et non le contraire. On joue sur les mots. De toutes façons, le moyen de l'adoption, qui n'est pas le moins brutal, est de séparer un enfant de son pays et de sa mère de naissance, et ceci de manière définitive. Les autorités sont conscientes que cet enfant devra s'intégrer et perdre son identité pour un mieux (tout est relatif) en adoptant inévitablement l'identité de ses nouveaux parents. S'il ne s'adapte pas (ce qui est parfois une forme de cohérence par rapport à la violence de la séparation et de l'adoption), les parents adoptifs seront pris pour des victimes, l'enfant sera taxé de troubles de l'attachement et pris en charge par un service psychiatrique pour le remettre sur le droit chemin de la normalité. Heureusement, j'ai connu des psychiatres et des psychologues qui remettent en question cette vision quelque peu simpliste de l'enfant turbulent. Eux-mêmes ne sont pas compris par leurs propres collègues, encore moins par des responsables d'organismes d'adoption et certains parents adoptifs qui ont trouvé là un moyen de canaliser leurs propres problèmes d'identité sur leur enfant adopté.

L'adoption plénière est aujourd'hui remise en question par certains professionnels, mais discrètement. Comment ose-t-on effacer de manière brutale le nom, le prénom, la nationalité, l'histoire de l'enfant ? En Grande-Bretagne, pays qui ne prône pas l'adoption internationale (en effet, ils ont adopté en 2005 quelques 5 000 enfants autochtones), on commence à vanter les avantages de l'*open adoption* qui maintient les liens de l'adopté avec les parents géniteurs.

De grandes instances internationales, l'UNICEF, le SSI (Service Social International), Caritas, défendent l'intérêt de la vie de l'enfant dans son pays d'origine plutôt que de le déraciner par l'adoption.

Ces instances sont méfiantes à l'égard de l'adoption internationale. Elles évaluent les risques à moyen et à long terme pour l'enfant et mettent en évidence les avantages qui n'opèrent qu'à court terme : filières de trafic en tous genres, manque de sélection de parents adoptifs, pressions exercées par les pays riches sur les pauvres qui font du chantage, aide financière générale en contrepartie, satisfaction de la clientèle riche occidentale en besoin d'enfant, diminution des moyens traditionnels de la solidarité familiale et enfant perdu entre deux cultures à laquelle il n'appartient pas, racisme dans le pays d'accueil et sentiment de vide identitaire de l'enfant par rapport à sa culture d'accueil et par rapport à la famille d'origine. Le SSI, l'UNICEF, Caritas notamment favorisent la création de structures d'accueil des mères et de tentatives pour renforcer le lien affectif avec l'enfant qui partirait à l'étranger. Ils favorisent l'adoption locale, refusent les enfants qui proviendraient de filières de trafics, tentent d'améliorer les conditions de santé physique et morales périnatales sur place, etc. Plus on défendra l'adoption internationale, plus on déresponsabilisera les pays d'origine, plus on les empêchera de développer l'adoption nationale ou de créer des structures d'accueil pour les mamans esseulées.

Vous dites que l'adoption est l'héritage du colonialisme.

L'adoption est une forme de néocolonialisme. Pour comprendre le néocolonialisme, il faut comprendre le colonialisme. Dans certains manuels d'histoire, on dit que les pays colonisés ont « reçu » leur indépendance comme s'ils devaient la mériter alors qu'avant la colonisation, ces pays vivaient certes leurs problèmes, mais ils n'avaient pas demandé à être envahis et dépossédés. Malgré l'indépendance de ces pays, on a parlé de néocolonialisme, c'est-à-dire d'un rapport entre états selon lequel l'état assujetti est théoriquement indépendant, mais dont l'économie est manipulée de l'extérieur par les états riches. L'état assujetti se voit obligé d'acheter des produits manufacturés de l'ex-puissance coloniale. Ce type d'ingérence se présente comme une aide des pays très développés en faveur des pays sous-développés (capitaux, professeurs, techniciens, conseillers...), mais une aide intéressée qui exige d'obtenir ou de préserver la direction de l'économie. Dans l'adoption, l'adopté est tributaire d'une dette. Il y a cette idée bienveillante d'aider un enfant pauvre mais en échange, il faut payer la dette d'une acculturation inévitable. L'adopté vit en apparence l'indépendance de vivre deux cultures mais il est soumis à la culture d'accueil qui lui impose ses valeurs.

Vous parlez de kidnapping dans l'adoption, mais d'un kidnapping légitime.

Quand on est kidnappé, on est frappé de voir la possibilité de complicité, d'admiration, d'alliance entre le kidnappeur et le kidnappé. C'est ce qu'on a appelé le syndrome de Stockholm, décrit en 1978 par un psychiatre américain. En 1973, à Stockholm, des employés d'une banque du Crédit Suédois auraient participé à un hold-up manqué. Certains d'entre eux ont défendu leurs agresseurs et ont même témoigné en leur faveur lors du procès qui avait suivi leur arrestation. Une employée du Crédit Suédois allait même se marier avec un des attaquants de la banque. Dans le cas de l'adoption, je vois beaucoup de filles adoptées (ce syndrome affecte davantage les femmes que les hommes) admirer sans bornes leurs parents adoptifs. En général, elles sont unies par une compassion indéfectible vis-à-vis de leurs parents adoptifs, surtout le père. Ceci pour limiter la peur de la mort, pour y échapper (ne fait-on pas sentir à un adopté malgré lui qu'on lui a sauvé la vie ?). Quand on a peur de l'autre et qu'on ne peut lui échapper, on développe alors un sentiment d'identification à l'agresseur.

Vous remettez l'adoption en question telle qu'elle existe. Pour vous, il est donc hors de question d'accepter l'adoption par des parents homosexuels [1].

On m'a taxé d'homophobe, mais les homosexuels en rejetant dans leurs relations d'amour l'autre sexe ne seraient-ils pas hétérophobes ? Je suis contre, mais jamais je ne manifesterai dans la rue contre l'adoption homoparentale, parce que nous vivons dans un pays démocratique ; la liberté individuelle est l'élément le plus important de notre société. J'ai des amis homosexuels. Je ne suis pas contre le mariage homosexuel. J'ai adopté moi-même « symboliquement » un substitut paternel qui a remplacé le manque affectif et intellectuel de mes parents adoptifs hétérosexuels. Cet homme s'avérait être homosexuel. C'était une relation père-fils, j'avais l'âge de raison, vingt-deux ans à l'époque, et le choix de cette adoption hors norme a été *réciproque*. De plus, il ne m'a jamais imposé son mode de vie sexuel ; c'était une relation idéale d'adoption sans implication financière, sans sentiment d'être redevable de quoi que ce soit. Cette situation de choix naturel est différente de l'adoption légalisée donc imposée à un enfant par des parents du même sexe. De plus, l'adoption homoparentale efface symboliquement l'identité ancienne de l'enfant adopté, puisque celui-ci ne peut être né que d'un père et d'une… mère. À cet argument, les militants de l'homoparentalité

1. La Belgique a définitivement approuvé le jeudi 21 avril 2006 un projet de loi autorisant l'adoption par les couples homosexuels, venant ainsi renforcer un mouvement amorcé dans les pays du Nord et suivi depuis par la Grande-Bretagne et l'Espagne.

ne me répondent pas, car ils défendent leur intérêt personnel et idéologique, pas le bien-être de l'enfant.

Les militants homosexuels disent : « Regardez les couples hétérosexuels, ils divorcent de plus en plus, cela prouve bien que le modèle parental homoparental peut aussi bien fonctionner qu'un couple hétérosexuel. » Il est vrai que cet argument, qui est le fer de lance des militants homoparentaux, est incontestable. En réponse à cela, je leur ai posé une question : « Vous parlez souvent en termes d'opposition par rapport aux couples hétérosexuels. Si effectivement de plus en plus de familles de parents hétérosexuels éclatent, quels sont alors les avantages à être adopté par des parents homosexuels ? Quand je parle d'avantages, c'est au niveau de l'identité sexuelle de l'enfant, de son développement psychique, de la socialisation et de l'apprentissage de la différence entre les sexes. » À cette question anodine, ils ont dévié la conversation en me disant que de toutes façons, j'étais contre l'adoption en général et que ces questions n'avaient rien de convaincant en ce sens.

Pourtant, d'après les enquêtes faites auprès des adoptés de parents homosexuels, ces enfants ne présentent pas de troubles majeurs au niveau de leur comportement et de leur développement.

Questionnez un enfant au sujet de ses parents, il les défendra becs et ongles devant les personnes extérieures, les proches (on peut être effaré de leur passivité quand l'enfant connaît des troubles familiaux), les psychologues, sociologues ou journalistes. La plupart des enfants battus par leurs parents continuent à les défendre et veulent les revoir s'ils en sont séparés. Il y a cette loyauté filiale contre le discours de la personne étrangère qui tente de remettre en question ce lien parent-enfant, et l'enfant le sent, il va défendre l'idéal de sa relation à ses parents. Moi-même, jusqu'à l'âge de dix-neuf ans, j'ai défendu mon adoption auprès de gens extérieurs à la famille qui mettaient mon épanouissement en doute. Ce qui démontre la part de déni et d'idéal de bonheur familial qui marque l'imaginaire de l'enfant.

Je ne crois guère aux enquêtes, car on interroge plus souvent des enfants, parce qu'ils sont plus vulnérables aux questions, que des adolescents. Je me souviens avoir vu à la télévision le témoignage d'une californienne adolescente (aux États-Unis, l'adoption homoparentale est légalisée dans certains États), adoptée par deux lesbiennes et devenue lesbienne à son tour. Elle avait beaucoup de personnalité, sûre de son choix et témoignant dans des talk-shows. Elle disait subir des pressions de la part de la communauté homosexuelle, car son cas démontrait qu'on pouvait devenir homosexuel en ayant des parents homosexuels, critique émise par les psychologues qui défendent l'adoption homoparentale. D'ailleurs, ses deux mamans ont essayé de la convaincre d'avoir un petit ami plutôt qu'une petite amie. Sans succès !

Vous avez aussi rencontré des partisans de l'homoparentalité qui sont hétérosexuels.

Oui, ce sont des gens qui veulent vivre la mode actuelle du choix de la liberté absolue, peut-être parce que eux-mêmes en ont été privés ! En effet, de plus en plus d'hétérosexuels voient en l'homosexualité la liberté absolue, le dépassement des tabous, un idéal de cassure des repères parentaux rigides dans lesquels ils ont vécu. Ils sont en opposition par rapport à un modèle hétérosexuel établi plutôt que de défendre l'intérêt de l'enfant. Les personnes que j'ai interrogées remettaient en question l'autorité de leur père considéré comme un macho sans cœur. Pour beaucoup de gens, l'homosexuel n'est-il pas l'ennemi du macho pur et dur ? Ces partisans sont en accord avec la communauté homosexuelle sans tenir compte du développement complexe de l'identité de l'enfant. Quand je demandais à ces partisanes (des femmes) de se mettre à la place d'un enfant ayant deux mères ou deux pères, elles m'expliquaient alors leur désarroi, notamment l'identification à deux hommes : « Comment vais-je les appeler ? Comment vais-je parler de mon corps qui change, de mes problèmes de fille, de mes règles, à deux hommes ? Comment vais-je me construire en tant que petite fille ? » sont les questions qui revenaient le plus souvent. Remarque intéressante, l'une d'elles m'a dit : « Si je suis l'enfant de deux lesbiennes et que je cherche ma mère biologique, les mères adoptives ne seront plus mes mères, mais deux femmes amoureuses l'une de l'autre. Je me sentirai exclue. Je devrai me battre pour trouver d'autres références identitaires plus neutres. »

Ceci démontre une chose : quand un individu se situe au niveau de l'adulte, il se réfère à des idées abstraites de liberté égocentrique et d'idéal à la mode, mais quand il s'identifie à l'enfant, il peut comprendre la complexité du vécu de la situation avec ces frustrations et ces manques impossibles à combler. L'enfant ne maîtrise rien, c'est l'adulte qui domine son présent et son avenir. Donc, pensons à l'avenir de l'enfant, pas au présent imposé par l'adulte.

Pourtant, à la suite d'une séparation d'un couple hétérosexuel, si l'un des deux parents s'avère être homosexuel, il recompose un couple avec un conjoint du même sexe : il voit son enfant et l'enfant voit que son père ou sa mère a changé d'orientation sexuelle.

Ces enfants peuvent au moins se référer à une mère et un père antécédent à la séparation de ses parents. Ce qui est fort différent d'une légalisation de l'homoparentalité qui impose à l'enfant une absence d'identification aux deux sexes. Même l'homosexuel a eu accès à des références parentales différenciées, et il a pu faire son choix ! Il me paraît contre l'intérêt de l'enfant de l'empêcher d'y accéder. C'est enlever à l'enfant une richesse possible d'avoir un apport des qualités et défauts des deux sexes.

Que pensez-vous de l'adoption monoparentale ?

Suite à de nombreuses déceptions sentimentales, des femmes décident d'adopter seules. J'en ai rencontré quelques-unes qui, des années après l'adoption, m'ont confié que si c'était à refaire, elles ne le feraient pas, car à un moment donné l'adopté, devenu adolescent ou adulte, réclame à juste droit un père ou une référence paternelle. Elles reconnaissaient ne pas y faire face. Il y a des ruptures définitives entre elles et leurs enfants et rarement des réconciliations. Les filles partent avec des hommes plus âgés pour combler le manque de père et les garçons ont des problèmes relationnels avec les filles, car ils n'ont pas de modèle paternel. Bien sûr, mon échantillon est concentré sur des mamans seules qui avaient des problèmes, et qui m'ont contacté.

CHAPITRE 5

Rencontres avec des adoptés

Forcément, pour vous, les adoptés n'ont pas de problèmes, puisqu'ils n'en parlent pas.

(mots adressés aux organismes d'adoption)

Quand avez-vous rencontré des adoptés pour la première fois ?

Des réunions étaient organisées par un organisme d'adoption qui n'existe plus aujourd'hui. Des adoptés se réunissaient au restaurant dans chaque grande ville de Belgique : Bruxelles, Namur, Liège, Charleroi. Je ne me souviens que d'une chose : on mangeait bien, mais on parlait peu de nos problèmes !

Comment expliquez-vous que des adoptés se réunissent et parlent peu d'adoption ?

Nous, les adoptés, vivons chacun notre perception de la vie. Comment parler de l'inconnu à des adoptés qui sont des inconnus aussi ! Certains adoptés voulaient aborder le sujet, mais ils observaient les autres sans rien dire et en attendant que l'un d'eux prenne la parole. Nous sommes tous des îles désertes. Pas beaucoup de points communs, car les dénis sont nombreux et la perception personnelle, la loyauté vis-à-vis des parents adoptifs, les problèmes pratiques sont là pour nous empêcher de savoir d'où on vient et où on va. En ce qui concerne les parents adoptifs, ils ont la chance de se fréquenter ; ils disposent de leur culture d'origine en tant que Blancs, ils ont créé une subculture sous forme de groupes de paroles ou d'associations. Un problème n'existe qu'à partir du moment où on en parle. C'est pour cela que les parents adoptifs sont plus écoutés que les adoptés, car ils clament leurs droits et leurs difficultés avec plus de force et de détermination que les adoptés qui vivent plutôt dans l'acceptation de leur « chance » et de leur isolement. On parle du parcours du combattant du parent adoptif, on ne parle jamais du parcours parfois chaotique de l'adopté. Je crois voir une autre explication à ce malaise chez l'adopté.

Un malaise, lequel ?

Les adoptés ont plus de difficultés à s'identifier à un autre adopté, car ils sont forcément obligés de parler de ce qu'ils n'ont pas, la culture et la langue d'origine, de ce qu'ils n'ont plus, la mère de naissance. Donc, comment partager avec d'autres adoptés de ce que l'on a perdu, puisqu'on ne l'a jamais connu ? C'est comme parler dans le vide. Par contre, les parents adoptifs peuvent parler de la stérilité, mais en général, ils ont plus de points communs, car ils parlent de ce qu'ils font et de ce qu'ils sont. L'adopté ne sait pas qui il est, donc se retrouver au milieu d'autres adoptés a plus de chance de le mettre devant son vide existentiel.

Vous vous entendez mieux avec un type d'adopté ?

J'en ai rencontré beaucoup, j'ai reçu des lettres, des mails, certains ont préféré le téléphone, je les ai peu connus en profondeur à cause du malaise que je viens d'évoquer. Je m'entends mieux avec les adoptés indiens. J'ai développé un lien avec des adoptés d'origine coréenne, qui sont nombreux en Belgique et dans le monde, mais cela n'a pas duré. Sans doute les ai-je trouvés trop pudiques, trop polis et trop gentils pour extérioriser ce quelque chose de profond et de personnel qui fait la beauté d'un être. J'ai remarqué que les Coréens sont plus redevables vis-à-vis de leurs parents adoptifs, peut-être parce que leur pays ne bénéficie pas du même prestige culturel et économique international que l'Inde ou le Brésil par exemple, qui sont admirés, ou honnis, mais qui ne laissent jamais indifférent. Dans leur mentalité, il s'agit de garder un masque.

Je m'entends mieux avec les adoptés qui ont été adoptés tardivement, à partir de l'âge de six, sept ans. Ils ne renient pas leurs origines, puisqu'ils ont une mémoire, s'affirment, sont fiers d'être indiens, osent créer un conflit avec leurs parents adoptifs, veulent idéalement retourner vivre dans leur pays d'origine. Ils m'apprennent beaucoup, sont plus libérés, moins coincés, moins conformistes et en meilleure santé physique que les adoptés qui sont quasiment nés dans les bras de leurs parents adoptifs. Les adoptés tardifs sont plus critiques, étant donné qu'ils ont perdu une partie de leur culture et de leur âme depuis leur adoption. Pour les adoptés en bas âge, la question des origines est taboue, la douleur du déracinement ne se pose pas ou ne s'exprime pas, ils se considèrent comme les enfants de leurs parents adoptifs. Il sont les premiers à adopter cette phrase célèbre : « Les vrais parents sont ceux qui nous élèvent, pas ceux qui nous ont donné la vie. » On comprend mieux pourquoi les parents adoptifs veulent à tout prix adopter un bébé le plus jeune possible. Ce n'est pas dans l'intérêt de l'enfant, c'est comme pour éviter les questionnements ultérieurs sur les origines, questionnements qui se poseront avec moins de fréquence et d'intensité qu'avec un adopté tardif. Plus l'enfant sera adopté tôt, plus le parent adoptif se convaincra que cet enfant vient de sa chair comme un enfant biologique. La loi de l'adoption lui donne raison de toutes façons.

On vous reproche de parler des adoptés sans réaliser d'enquête.

J'en ai rencontré une soixantaine, ce qui n'est pas à négliger ! Je ne crois pas aux statistiques. Comment peut-on dire que les adoptés se portent bien ou ne commettent pas plus de délits que les enfants biologiques ? Les statistiques sont utilisées par les politiques, les organismes d'adoption et les psys. On peut les interpréter comme on veut. La plupart des adoptés que j'ai rencontrés ne parlent pas de la même manière devant moi et devant leurs parents ou un psychologue. Il y a l'image que l'adopté doit donner de l'adoption qui est assez positive et idéalisée. L'adopté met du temps pour sortir de son complexe d'abandonné et d'étranger d'un pays soi-disant pauvre. Si un adopté refuse de parler, c'est qu'il a deux pressentiments. Le premier : se poser des questions sur son identité (ses parents, son lieu et sa culture d'origine, le pourquoi de l'abandon et de l'adoption, etc.) reflétera son vide vécu dans l'adoption. Un adopté m'a dit : « À quoi bon me poser des questions, puisqu'il n'y a pas de réponse, je ne vais pas me compliquer la vie comme tu le fais. Le passé est le passé. Si je me pose une question, comme il n'y a pas de réponse, je ne me poserai que des questions sans réponse et je préfère alors de pas m'en poser. »

Et le deuxième pressentiment ?

Celui d'être incompris. Le même adopté m'a dit : « De toutes façons, j'ai peur d'être incompris par mes parents ; si je suis incompris par l'autre, car il n'a pas vécu ma situation, je souffrirai plus, alors j'évite de répondre aux questions, de dire ce que je pense ou de participer à des discussions. »

Il est douloureux d'être lucide par rapport à une frustration et de ne rien pouvoir faire.

Cela arrive à n'importe quel individu. Nous sommes différents selon que l'on est avec l'une ou l'autre personne, car nous pouvons nous confier davantage à l'un qu'à l'autre. Nous ne savons pas pourquoi nous agissons ainsi, mais c'est comme ça. L'adopté est complètement seul dans sa différence.

Vous classez les adoptés en deux types : les sensibles et les opportunistes. N'est-ce pas un peu brutal d'avoir fait la différence ?

C'est l'expérience de mes rencontres. Je crois qu'il y a deux types d'adoptés : ceux qui sont faits pour être adoptés et les autres pas. Ceux qui sont faits pour être adoptés ne se posent pas beaucoup de questions sur leur passé, ils tracent une voie directe, se mettent sur les rails sans aiguillage, sans changement de trajectoire. Ce sont des opportunistes : ils parlent du bien-être matériel d'ici et veulent garder leurs acquis de l'adoption. Ils reprennent souvent le discours de l'adoption de leurs parents : « la chance, la force, la réussite » et le refus absolu de faire des vagues. Mais avec le temps, vers trente-cinq, quarante ans, ils sont un peu plus nuancés et critiques, mais ils s'expriment peu sur les difficultés d'être adopté, car il est trop tard pour être soi-même.

La deuxième catégorie : les adoptés qui prennent des risques, ouvrent le débat, qui se posent beaucoup de questions. Ils sont spontanés et naturels, voire un peu fous ! C'est ceux que l'on écoute le moins et pourtant, ils ont des remises en question à apporter par rapport à l'adoption classique. Combien de fois me suis-je fait taxer de malade par des responsables d'organismes d'adoption quand je critiquais le système de l'adoption, quand j'osais aborder des problèmes relationnels entre adoptants et adoptés.

Revenons à une autre classification des adoptés quant à leurs réactions face aux traumatismes de l'enfance.

J'ai classifié les adoptés et leurs réactions en trois catégories. Première catégorie : les *observateurs lucides.* Ils sont conscients de leur situation, verbalisent, essaient de comprendre l'origine de leur adoption et de leur abandon. Ils s'intéressent à leur pays d'origine et sont critiques par rapport à leur adoption et aux valeurs parentales. Ensuite, les *indifférents* qui refoulent tout problème extérieur lié de près ou de loin à l'adoption, ils se disent heureux de leur adoption et de la vie qu'ils mènent. Ils sont si reconnaissants qu'ils refusent leur différence en tant qu'adopté, ils ont aussi du mal à exprimer leurs réels besoins et leur sensibilité. Ils sont méfiants face à toute analyse de l'adoption. Enfin, les *malades chroniques* qui souffrent, mais qui n'en ont pas conscience ; ils sont dépassés par leurs problèmes plutôt pathologiques. Heureusement, ces catégories ne sont pas fermées ! J'ai rencontré des adoptés qui passent des indifférents aux observateurs lucides, c'est-à-dire du déni de leurs traumatismes anciens à la lucidité. Plusieurs facteurs favorisent cette transformation : le temps qui imprime en soi des attentes différentes, l'indépendance financière qui donne plus d'assurance à l'adopté qui a moins de « comptes » à rendre à ses parents adoptifs, les documentaires exposant les aspects positifs et agréables du pays d'origine, la volonté de recherche des racines familiales ou culturelles, le divorce des parents, la mort d'un ou des parents, tous ces facteurs peuvent pousser l'adopté à se poser des questions sur lui-même et à oser aborder des questions liées à son identité. Mais fondamentalement, il faut que l'indifférent puisse retourner dans son pays d'origine pour devenir peu à peu conscient de ce qu'il a vécu et de ce qu'il a perdu. C'est seulement quand il y retourne qu'il peut s'en rendre compte.

Vous avez rencontré des « malades chroniques » qui pouvaient passer au stade d'observateurs lucides ? Je présume que le phénomène se présente rarement.

J'ai été piégé par des adoptés qui avaient de sérieux problèmes psychologiques. Ils expriment parfois des éclairs d'une rare lucidité sur leur passé, mais malheureusement, peu de temps après, ils retombent bien vite dans l'incohérence, l'instabilité, le déni, l'agressivité verbale et le manque d'assurance. J'ai eu beaucoup de peine pour eux, car je crois qu'ils ont été si traumatisés avant l'adoption par le manque de soins affectifs et de santé ou/et victimes de violence mentale ou physique qu'il est quasi impossible qu'ils s'intègrent dans la famille adoptive. Heureusement, il existe des centres de jour et des institutions qui peuvent se charger d'eux, car les parents adoptifs sont dépassés et ne peuvent s'en occuper. Ces parents n'ont pas non plus été informés sur l'état de santé physique et psychique de l'enfant avant l'adoption.

Je vous arrête tout de suite : qui vous dit que pour des adoptés, cela relève d'une problématique ou d'un conflit intérieur ? Ne cherchez-vous pas des problèmes là où il n'y en a peut-être pas ?

Des adoptés qui ont bien vécu leur adoption me disent la même chose. « Pourquoi viens-tu avec des problèmes d'adoptés, tu prends ton cas pour une généralité, nous, on va très bien et en plus, tu sers la clientèle des psychologues ». Enfin, quand je pose certaines questions du genre : comment as-tu vécu ton adoption ? Tu ne veux pas retourner dans ton pays d'origine ? À quelle culture appartiens-tu ? Tu n'as jamais eu des problèmes de rejet ou de racisme ou ressenti un sentiment profond d'être abandonné ? Ils me répondent souvent : « Non, on a eu des parents formidables, tout va bien, tout va très bien. », ce à quoi je rétorque : « Oui, mais ce n'est pas parce que tu as eu des parents formidables que tu n'as jamais ressenti un problème profond de solitude, d'abandon ou de rejet. Tu en as le droit. C'est la chance des enfants biologiques de ne pas idéaliser leurs parents. » Certains m'ont répondu ; « Je suis belge, j'appartiens à la culture belge ». Oui, ils sont belges bien sûr, mais pas tout à fait. Ces adoptés semblent reprendre le discours tenu par leurs parents ou la société sur l'adoption, à savoir la chance de vivre ici et l'appartenance à la culture belge ou occidentale. Le rôle de ces adoptés est de rassurer leurs parents sur le sens de l'adoption plénière : « Nous sommes les enfants de nos parents définitivement au moment de l'adoption. » S'ils se sentent belges, qu'on ne vienne pas me dire que les adoptés bénéficient d'une double culture !

Vous avez été invité à un Congrès international sur l'adoption à New Delhi en Inde.

J'ai contacté le Ministère de la Protection de l'Enfance indien. Il m'a envoyé une lettre d'invitation. L'Autorité Belge Communautaire de l'Adoption Internationale m'a demandé de rédiger un rapport sur la situation indienne en matière d'adoption. Mon objectif était de sensibiliser les instances politiques indiennes, les responsables d'organismes d'adoption indiens à la complexité d'être adopté. Il y a de plus en plus d'adoptions autochtones en Inde (un petit millier en 2002, pour un milliard d'habitants, ce n'est pas assez à l'échelle nationale). Les adoptants indiens vivant à l'étranger ont la priorité sur les Européens et les Américains. Le processus est lent, mais il fait son chemin. J'ai participé à une table ronde d'adoptés d'origine indienne qui débattaient sur leur vécu.

D'autres adoptés avaient-ils été invités ?

Oui, provenant de différents pays : du Luxembourg, de Suède, d'Italie, du Danemark. Ils n'étaient pas venus de leur plein gré. Ils étaient venus avec les responsables de l'organisme d'adoption du pays représenté. Ils étaient, disons-le, triés sur le volet. Ils parlaient de l'adoption uniquement en termes positifs. Ils étaient en quelque sorte les « *Public Relations* » de l'organisme qui les envoyait.

Ils peuvent bien avoir vécu leur adoption, non ?

Dans le public, une doctoresse indienne posa la question suivante à l'une d'elles, âgée de dix-huit ans et adoptée en Italie : « Vous avez été adoptée à dix ans, n'avez-vous aucun souvenir de votre passé en Inde ? » Elle a répondu : « Non pas du tout et de toutes façons, je remercie ici ma famille adoptive de m'avoir adoptée, sans elle, je ne serais pas là où je suis. » Ensuite, une question générale fut posée à nous cinq de la part d'un

Indien : « Vous sentez-vous indien ou européen ? » L'une d'entre nous a rétorqué : « Je me sens bien dans mon pays d'adoption, dans ma famille, elle m'a éduquée et donné la chance d'avoir une vie épanouissante, je me sens pleinement luxembourgeoise. » Les autres sans attendre ont acquiescé en disant comme des soldats : « Je suis italienne, je suis suédoise, je suis danoise » sans apporter la moindre nuance. J'ai répondu : « Je suis fier d'être indien et d'être originaire de ce pays magnifique. » Quand on nous a demandé si nous souhaitions obtenir la double nationalité, toutes ont répondu : « non » sans argumenter, sauf moi : « Ce serait extraordinaire, on n'aurait plus besoin de visa, on viendrait ici, on se sentirait indien, on pourrait travailler ici pour renouer avec notre culture et nos racines et puis je voudrais ajouter une chose : l'Inde nous a déracinés en nous envoyant à l'étranger, ce serait une réparation idéale que l'on obtienne la double nationalité, donc la double culture indienne et européenne ».

Êtes-vous intervenu sur d'autres points ?

Oui, j'ai encouragé l'adoption autochtone d'enfants indiens par des adoptants indiens. Pour éviter le déracinement si brutal qui existe par l'adoption vers un pays occidental. Ce phénomène est en pleine évolution. J'ai abordé la question de la mère biologique. J'ai parlé de ma situation : « J'ai subi le racisme en Europe et je me suis rendu compte que physiquement j'étais indien mais qu'intellectuellement, j'étais européen, je me suis rendu compte que j'étais différent et étranger, que je n'étais pas considéré comme belge, je remercie mes parents de m'avoir adopté, mais ils ne pouvaient pas comprendre ce sentiment de différence que j'éprouvais à leur égard parce qu'ils ne le vivaient pas eux-mêmes. Les autres adoptés ici considèrent leurs parents comme leurs vrais parents. Moi, je n'ai jamais adopté mes parents, ce n'est pas de leur faute, c'est tout simplement une question de sensibilité. Il y a des adoptés qui ne sont pas faits pour l'adoption, souvent ceux qui se posent beaucoup de questions sur leur passé, leur pays d'origine qui leur manquent tant, ils sentent qu'on les a arrachés à leur mère, à leur culture, ils souffrent de ces abandons successifs et c'est tout à fait humain. D'autres sont moins sensibles, l'adoption les satisfait, car elle leur apporte le bien-être matériel, de plus, ils sont plus « malléables » à l'adoption. Cela arrange tout le monde. C'est simplement une protection. Moi, je n'ai jamais considéré ma mère adoptive comme ma mère. Dans la vie normale, ma mère adoptive vient encore perturber la manifestation de ma mère biologique. Elle est toujours présente. La nuit, c'est son ventre, un ventre dans lequel je bouge et elle me dorlote. J'entends de la musique dans ma tête, pour me bercer dans son ventre. Cette musique, c'est le battement de son cœur qui est si grand. Cela me structure. Ayant vécu avec ma mère des nuits entières, je pouvais accepter le jour. Voilà à peu près ce que je ressentais et ressens à l'égard de celle qui m'a donné la vie. »

Comment ont réagi les autres participants ?

Ils sont restés bouche bée. On entendait les mouches voler. La Suédoise assise à côté de moi avait les yeux écarquillés, avec un regard de mépris et de torpeur. Ce qui s'est passé après la journée de colloque est intéressant. Des futurs parents adoptifs indiens, des médecins, des pédiatres, des psychologues sont venus me trouver et me féliciter pour mes propos directs et sincères. Ils défendaient aussi l'adoption autochtone. Ils critiquaient le manque de courage des autres adoptés et des intervenants occidentaux en général qui vendaient l'adoption au nom de leur organisme. Un organisme belge connu ayant des appuis politiques importants venait « faire son marché ». Aucun intervenant européen ou américain n'est venu me trouver. Ils se sentaient visés, ou alors je tenais un discours si personnel qu'il paraissait irréfutable.

Les adoptés sont-ils venus à votre rencontre ?

Certains timidement, car ils étaient accompagnés par l'un ou l'autre membre de l'organisme d'adoption. C'était par politesse ou par curiosité. La Luxembourgeoise m'a quand même dit qu'elle allait adopter un petit Indien pour lui apporter ce qu'elle avait reçu. Je lui ai dit : « Tu vas aussi lui enlever ce qu'on lui a donné, ses racines, sa culture. » Elle me répond : « Je pense qu'en tant qu'indienne, je peux plus facilement comprendre un adopté d'origine indienne. » Je lui réponds : « Tu as quand même dit que tu étais Luxembourgeoise. » « Oui, c'est vrai aussi, j'ai deux cultures. » « Oui mais une seule nationalité ! Dis-moi, lui demandai-je, tu es envoyée par qui ? » « Par le Comité d'adoption Luxembourgeois. » « Tu vends bien l'adoption, tu en fais partie pour avoir plus de facilités pour adopter. » « Je n'en fais pas partie, j'ai un rôle consultatif donc extérieur. » « Et pourquoi n'intègre-t-on pas des adoptés dans ce Comité ? On est à même comme tu le dis d'avoir deux cultures, deux manières de penser les choses à dire en fonction de notre vécu, on peut apporter de l'eau au moulin. » « C'est intéressant, je l'ai proposé, mais ma demande reste en attente. » « Ils ne veulent pas qu'un étranger dise des vérités désagréables à entendre, car pour eux, tu restes une étrangère, excuse-moi de le dire. » Notre entretien s'est arrêté là. La Suédoise m'a accosté : « Tu as écrit un livre à ce que j'ai entendu. » « Oui, un témoignage sur l'adoption, c'est vrai que les livres écrits sur l'adoption concernent en général les parents adoptifs. » « Tu as mal vécu ton adoption ? » « Oui, je n'ai pas digéré mon adoption, je n'ai pas fait le deuil de ma mère biologique, j'ai le mal du pays, j'ai mal parce que je suis partout différent, je ne sais plus où j'en suis. En tous cas, je suis content d'une chose : je n'ai pas été adopté en Suède. Six mois d'hiver et des gens si différents de moi. » « Tu es retourné en Inde ? » « Oui, et toi ? » « Non, j'aimerais bien, mais je ne sais pas quand. Quand y es-tu allé ? » « L'année passée. » « Tu t'entends bien avec tes parents adoptifs ? » me demande-t-elle. « Non, je ne vois plus ma mère depuis plus de quinze ans, mon père est mort il y a longtemps, et toi ? Tu t'entends bien avec tes parents adoptifs ? » « Oui. » « Tu ne vas pas dire le contraire. » « Il y a des problèmes comme dans toutes les familles. » « Oui, mais ce ne sont pas toujours les mêmes, on les vit avec plus d'intensité que dans une famille biologique. » « Chaque cas est particulier. » « C'est vrai. Chaque histoire est différente d'une autre, mais l'abandon de la mère, la trace de cet abandon en soi, le déracinement à un pays, à une culture, le racisme, sont des problèmes universels qui touchent tous les adoptés. » « Oui, je n'y ai pas pensé. »

Chacun a le droit de ressentir ce qu'il ressent. Vous n'avez pas à porter de jugement arbitraire.

Demandez à un Belge la définition d'un Belge, il ne saura pas vous répondre, car un Belge, ça n'existe pas. La Belgique est un état qui a été inventé de toutes pièces en 1815 à la suite de la défaite de Napoléon. La Belgique, qui ne s'appelait pas encore Belgique, était gouvernée par un prince hollandais. La Belgique a été espagnole, autrichienne, française et hollandaise. Se proclamer Belge me paraît cacher un problème d'identité, pour s'intégrer et se faire accepter. Les adoptés qui se déclarent belges ne peuvent pas me citer trois peintres belges ou auteurs de romans et pièces de théâtre, alors que je m'y intéresse plus qu'eux, même si je ne me sens pas tout à fait belge, car je ne sais pas ce que c'est. Cette revendication des adoptés d'être belge ou occidental touche davantage les filles que les garçons.

Comment l'expliquez-vous ?

Je parle des Indiennes. La plupart d'entre elles ont perdu cette grâce et cette malice qu'on trouve chez les femmes vivant là-bas. Elles ont perdu cette féminité. Ces filles indiennes comparent leur vie ici et leur condition de vie en Inde qui n'aurait pas été joyeuse si elles étaient restées là-bas. Dans leur majorité, elles veulent à tout prix se marier avec un « Blanc » comme elles disent. Un Blanc représente à la fois une promotion sociale et économique. Quelle fille adoptée ne rêve pas de faire mieux que sa mère biologique (sauf celles qui retombent dans le schéma de prostitution, d'errance ou de pauvreté de leurs mères) ? Une Indienne adoptée se mariant à un Blanc pensera qu'elle sera aimée et respectée par son mari, même si le machisme occidental s'exprime parfois avec plus de subtilité que dans les pays du Sud. La cruauté, si elle est exercée sur la femme, sera plus cachée et la manipulation, telle un jeu de survie, peut devenir la pièce maîtresse de l'homme occidental pour dominer la femme. Je connais des Indiennes adoptées qui ont divorcé. Mais elles n'en démordent pas. Elles préfèrent refaire leur vie avec un Belge qu'avec un étranger, telle est leur expression. Elles vivent dans un déni dont la source est à décoder dans la loyauté inconditionnelle vis-à-vis de leur père adoptif qui les a sauvées de leur statut de femme du Sud, non respectée et isolée.

Donc, les filles adoptées se sentent plus redevables que les garçons adoptés, car dans le pays d'origine, elles auraient probablement été vouées à une mort certaine ou transformées en esclaves. Mais si elles se sentent redevables dans un premier temps, il arrive qu'elles se révoltent (surtout vis-à-vis de leur mère adoptive qui les a « volées » à leur mère biologique et qui empêchent une identification physique) quand elles acquièrent leur indépendance affective et professionnelle.

Vous avez eu des expériences amoureuses avec des adoptées ?

Quand j'avais vingt ans, je croyais qu'il serait plus facile de me mettre en relation et de fonder une famille avec une Indienne adoptée pour éviter ma solitude existentielle. Une solution idéale, car nous aurions la même origine, le même statut, la même couleur de peau, les mêmes souffrances originelles. Même ma mère adoptive m'encourageait à aimer des Indiennes adoptées pensant que ma vie serait plus facile. Mais non seulement ces filles ne se considéraient pas comme indiennes (ce qui me blessait profondément), mais en plus, elles reniaient leurs origines et se sentaient européennes, ce qui est compréhensible ayant vécu la majeure partie de leur vie en Belgique. Mon idéal volait en éclat et je devais trouver une femme sans références identitaires liées à ma couleur de peau ou à mon statut particulier. Une fille adoptée de trente-quatre ans a lancé en public devant moi, alors qu'un ami lui avait suggéré que nous pourrions sortir ensemble : « Moi, je ne sors qu'avec des Blancs. » Même une femme blanche aurait été plus discrète pour ne pas exprimer des propos si directs et si dénigrants vis-à-vis d'un étranger.

Constatant vos échecs amoureux ou relationnels avec les adoptées, n'avez-vous pas songé à aimer une Indienne vivant en Inde, avec l'idée de la ramener en Belgique ?

On me l'a souvent suggéré. J'y ai cru. Je me suis dit : épouse une indienne, ramène-la ici, elle pourra apprendre le français, vivre avec moi et je ne ressentirais plus cette solitude identitaire. Certaines subissent les traditions religieuses séculaires et sévères. Par réaction, cette femme idéale viendra ici pour trouver une issue au joug religieux et familial indien, pas par amour. Je pense qu'une Indienne ne sera pas heureuse ici, loin de sa famille, loin de sa culture. Même si elle choisit de vivre ici, j'aurai toujours le sentiment qu'elle sera déracinée. Comme moi finalement. Quand elle retournera au pays, elle vivra aussi le grand choc des cultures, car elle aura vu un autre mode de vie et une condition de la femme émancipée. Je ne peux pas assumer cela. Si j'avais décidé de vivre en Inde, je me serais mis avec une Indienne. Elle n'aurait pas été déracinée et moi je me serais habitué aux différences de langue et de culture, je me serais adapté là-bas, mais voilà, je ne veux pas vivre en Inde. J'en serais incapable, car je tisse ici des liens d'amour et d'amitié indéfectibles avec des gens exceptionnels. C'est venu naturellement avec le temps, pas de manière radicale. En Inde, je n'ai aucune racine familiale non plus ! J'en avais, mais on me les a enlevées. Autre chose : même si cette Indienne s'adapte à ma façon de penser et de vivre, il n'est pas sûr qu'elle s'adapte au type d'éducation des enfants d'ici, plus démocratique et plus laxiste. Je connais des adoptés qui se sont mis avec des Indiennes non adoptées et il y a un conflit de culture et de valeurs. C'est loin d'être simple.

CHAPITRE 6

LE TEINT

Le racisme est la matérialisation d'une insécurité identitaire, projetée à l'extérieur vers un être étranger, devenant miraculeusement la cause de tous ces maux.

UN ADOPTÉ

Si on glorifie le multiculturalisme, on nie la différence, si on nie la différence, on nie le racisme, si on nie le racisme, on glorifie l'intolérance. Amer paradoxe.

Karel KAUTSKI

On vous a reproché d'utiliser les mots « blanc, noir », et de spécifier l'appartenance à une culture ou à une origine, alors que l'on sait que les races n'existent pas.

Ce sont des concepts créés dès le XVe siècle suite aux découvertes scientifiques qui ont donné lieu aux découvertes géographiques et donc aux découvertes de peuplades d'autres couleurs, d'autres coutumes ayant d'autres formes de communication. Les catholiques espagnols, conquérants de l'époque, se sont réunis pour se demander si l'indigène aztèque, inca ou toltèque avait une âme. Quand celui-ci, réduit en esclavage, est venu à disparaître, suite aux plaintes de Las Casas, prêtre dominicain auprès de Charles Quint, on a remplacé l'Indien par le Noir, plus robuste, le Noir originaire d'Afrique subsaharienne utilisé déjà avec succès dans les plantations des Canaries, des Açores et du Cap Vert. Le Noir traité comme esclave trouve sa justification dans les textes casuistes. D'après les casuistes (ces théologiens qui résolvent les cas de conscience par les règles de la raison et du christianisme), les Noirs descendent de Cham, le fils de Noé maudit par Dieu pour avoir contemplé la nudité de son père victime d'une crise d'ébriété. Sur lui et ses descendants pèse la malédiction de Cham qui justifie l'esclavage des Noirs et des Noirs seuls (même si l'esclavage a existé dans d'autres civilisations, celui des Noirs a été le plus étendu). D'où ce sentiment dans l'inconscient collectif que le Noir reste inférieur, même pour le Noir lui-même. Il y a peu d'adoptions de Noirs. Mais si on élimine le mot « race » de notre vocabulaire, on va éliminer le mot « racisme » ou le mot « xénophobie » plus spécifique puisque ce terme s'applique au sentiment de supériorité d'un peuple par rapport à un autre, peu importe sa couleur ou sa culture. Tant qu'il y aura du racisme, il faudra utiliser le mot pour reconnaître la souffrance qu'il génère.

On vous reproche votre manque d'humour face au racisme. Un adopté comme tout étranger ne devrait-il pas réagir avec humour ?

Quand le racisme contient une forme d'humour en lui-même, alors, il m'est possible de réagir avec humour. Un ami que je connais depuis plus de quinze ans se moque de moi, de ma couleur de peau, du fait que je suis étranger, mais il me donne tant d'amitié que je prends ses remarques avec humour. Cela me libère et renforce notre amitié. Par contre, quand une personne ne vous connaît pas et vous traite de sale étranger ou que son regard est teinté de mépris, on est blessé et il n'y a aucune preuve de son rejet. Il vous attaque alors qu'il ne vous connaît pas. Impossible de réagir avec humour, car son propos ou son regard vous paralysent, vous empêchent de réagir et de communiquer avec lui. Cette attaque renvoie à votre identité qui est différente, voire à votre absence d'identité, car vous avez perdu votre culture d'origine. On se sent bien seuls, car personne dans la famille adoptive ne peut se mettre à notre place : ou ils nient l'existence même du racisme ou, s'ils comprennent notre problème, il ne peuvent pas le sentir de manière permanente !

Vous avez rompu avec des amis qui ne vous soutenaient pas.

Un copain m'a présenté à des amis. Dans le groupe, il y avait un type de trente ans de bonne famille et qui m'insultait en rigolant. Il disait par exemple au serveur : « Vous n'allez pas servir un Noir tout de même. » Ce type ne me connaissait pas et se permettait de m'insulter. Tout le groupe était silencieux et mon copain taiseux a changé de conversation. J'étais paralysé ! L'histoire s'est reproduite sans réaction de mon copain. Ne rien dire, c'est approuver. J'ai dit à celui-ci que je ne voulais plus revoir son ami. Que s'est il passé ? Il m'a invité à son anniversaire, mais avec l'autre personne en question. Il ne m'a pas écouté. Je ne suis pas allé à son anniversaire et j'ai rompu avec lui. Je me suis retrouvé seul et lui est retourné dans son groupe d'amis. Aucun de ses amis n'a demandé de nouvelles pour savoir ce que je devenais. Seul et incompris. Injustement !

N'êtes-vous pas sensible à ce slogan : il n'y a pas de races, il n'existe que la race humaine ?

Je trouve la formule pleine de bonnes intentions, mais certains parents adoptifs jouent le jeu du racisme en prétendant que tout le monde est égal, que notre monde est interculturel. De toutes façons, dans tous les pays du monde, il y a ce rejet de la couleur de la peau : au Brésil, en Inde, en Afrique, par exemple, plus l'homme a la peau claire, plus il a de la valeur. Il suffit de voir le succès des acteurs et actrices indiens de couleur claire. Je les ai appelés : *Color talc*. En Inde, le terme de caste en hindi se dit « Varna » qui veut dire couleur. On a différencié les castes par le degré de couleur de peau, du plus clair au plus foncé.

Je pense que le racisme n'a pas disparu. Il est moins direct qu'il y a vingt ans. Il existe une loi belge qui punit les propos racistes à l'égard d'un étranger, mais il est difficile de prouver quoi que ce soit. De même pour la discrimination à l'embauche. Le Mrax (équivalent de SOS racisme en France), mouvement de lutte contre le racisme et l'antisémitisme, a beaucoup de mal à prouver le fondement de propos ou d'actes racistes. Il faut des témoins. Le facteur temps et la curiosité de l'autre peuvent améliorer les relations entre autochtones et étrangers.

Des parents adoptifs peuvent tenir des propos racistes vis-à-vis des étrangers.

On n'en parle jamais, car on considère les parents adoptifs comme non racistes puisqu'ils adoptent un enfant étranger. On oublie qu'ils veulent adopter un enfant à tout prix, ils ne remarquent sa différence de couleur que longtemps après, quand il est adolescent ou… rebelle. Mes parents, surtout ma mère, étaient raciste vis-à-vis des Arabes, considérés comme des voleurs. Pour elle, les Noirs étaient inférieurs en intelligence et les Jaunes étaient hypocrites (le Chinois sera le bouc émissaire du siècle prochain !). Elle était raciste vis-à-vis de mon ami indien musulman Zia qui m'a permis à l'aube de mon adolescence de découvrir ma culture d'origine, ce qui faisait peur à ma mère. C'était un comportement doublement raciste : vis-à-vis de mon ami (qui était indien, donc un concurrent pour ma mère) et vis-à-vis de moi, car je suis de couleur aussi. D'autres adoptés m'ont dit qu'ils étaient aussi victimes de propos racistes de la part de leurs parents adoptifs qui exprimaient des propos insultants. Le plus courant était : « Si t'as des problèmes, c'est sûrement génétique. »

C'est de la peur ou de l'ignorance, pas forcément du racisme.

La peur et l'ignorance sont le fondement du racisme. Si certains parents adoptifs empêchent leur enfant de retourner dans leur pays d'origine, c'est qu'ils considèrent que le pays d'accueil appartient à une civilisation supérieure au pays d'origine de l'adopté, sinon il n'y aurait pas eu adoption. J'ai rencontré des personnes qui voulaient adopter et qui ont abandonné le projet en disant : « Mais pourquoi déraciner ces enfants de ces pays qui ont tant de choses à nous apprendre ? Ce sont eux qui peuvent nous aider à avancer ici. » Ce qui me fait dire que si certains parents adoptifs se précipitent sur l'adoption comme au supermarché, il n'y a plus de temps pour la considération. On ne se donne plus le temps de réaliser qu'il vient d'une autre culture ou d'une autre famille.

Auriez-vous voulu être blanc ?

Cela aurait facilité les choses : les relations amoureuses, professionnelles, les promotions de toutes sortes, l'ouverture à l'erreur, oui, il est plus facile d'être blanc partout dans le monde. En Inde, des femmes indiennes ayant étudié dans les écoles françaises ne rêvent que d'une chose : se marier avec un Français. Quand je leur ai dit à l'époque que je cherchais une Indienne pour me marier, que j'avais la nationalité belge, que je parlais le français, que j'étais adopté depuis plus de trente ans, elles m'ont dit : « Ce n'est pas la même chose. » En Europe, des femmes tendance New Age préfèrent les « vrais » Indiens : « Les adoptés indiens n'ont pas été imprégnés du karma divin », m'a dit l'une d'elles. Le fait que je parle français et que je n'ai pas vécu en Inde les désarçonne. Comme si on était des traîtres, des « faux » indiens qui doivent être faux aussi dans la vie ! Tout ce côté exotique, idéalisé, distancié disparaît. J'en ressens de la honte. Je les désintéresse ! Cela me renvoie encore à mon étrangeté et à mon absence d'identité.

Les femmes ne voient pas toujours votre situation d'étranger telle que vous la voyez vous-même !

Je constate quand même la perception subjective : « Tu es étranger par rapport à moi » et non « Je suis étranger par rapport à toi. » On voit que l'étranger, c'est l'autre, alors qu'on est tous des étrangers. En Belgique, c'est moi l'étranger et en Inde aussi, mais pas physiquement. Cela me laisse un peu de répit ! La différence est notre plus beau point commun ! Profitons-en pour nous enrichir les uns les autres ! Oui, les femmes européennes sont plutôt attirées par les étrangers qui vivent dans leur pays d'origine. L'idéalisme est lointain, ensoleillé, l'illusion est inaccessible. Des Européennes en Inde s'amourachent d'Indiens alors qu'il y a plein d'Indiens adoptés qui sont disponibles et intégrés dans les pays européens. Mais la différence, c'est que là-bas, les exotiques sont différents, machos et visuels ; ils excitent immédiatement l'imaginaire érotique de femmes blanches. Ces femmes me disent : « Les Indiens sont sensuels, beaux, souriants. » Mais les adoptés devraient être plus intéressants pour elles, car ils disposent de références culturelles identiques, parlent la même langue et sont ouverts à l'épanouissement de la femme en général. Mais pour elles, ce sont des valeurs terre à terre et rationnelles. Des Indiens, vivant là-bas, voient en la femme occidentale un carnet de chèque, une ouverture au tourisme sexuel et la recherche d'un passeport pour l'Europe. Elles sont tenaces. Elles se disent amoureuses et ouvertes au métissage. Mais pour elles, être adopté est une situation antiromantique et antiexotique par excellence.

Vous dites qu'on met tous les étrangers dans le même sac.

Les sans-papiers d'origine étrangère envahissant le territoire et les étrangers commettant des actes délictueux ne donnent pas une bonne image de l'étranger ; cela donne un prétexte pour les habitants des pays riches de créer l'amalgame. Les médias ont un tel impact que même des gens vivant dans les quartiers chics deviennent racistes pour de mauvaises raisons. On fait passer les étrangers pour ceux qui volent les riches alors qu'en Belgique, 50 % d'entre eux vivent sous le seuil de pauvreté. J'ai envie de dire aux riches que ce sont des plus riches qu'eux qui les volent, pas les pauvres ! Qu'ils se rassurent !

Beaucoup de gens ne comprennent pas que, vous qui parlez français, vous vous considériez comme un étranger en Belgique.

On croit que, parce qu'on est adopté et belge sur le papier, on l'est en réalité. C'est mal connaître l'importance que l'humain accorde à l'apparence physique ! En société, on oublie que je suis belge, on ne voit que l'apparence de l'étranger. Surtout actuellement. On se considère comme étranger si on n'est pas respecté. Si on n'est pas respecté, on revendique la force de ses origines, car celles-ci nous protègent de ceux qui ne les acceptent pas. Logique ! Nous vivons de plus en plus de chômage et de plus en plus d'échecs scolaires, avec le développement d'une pensée unique. Les jeunes Belges ne verront jamais d'un bon œil qu'un étranger ou même un adopté d'origine étrangère leur prennent leur boulot, car ce qu'oublient les organismes d'adoption, les antiracistes de tout poil, c'est qu'un travail professionnel est le boulot d'un Belge, même si l'adopté vit ici depuis plus de trente ans. Les compétences ne comptent plus, c'est la préférence raciale, la préférence à l'autochtone. Si j'ai le diplôme et les compétences, je suis un concurrent et je vole le boulot d'un autochtone. Le boulot est pour lui un droit du sol et de naissance. Si un Belge prend la place d'un Belge, moins de soucis, il travaille chez lui dans son pays et honore la fierté nationale ; par contre l'étranger, pense-t-on, gagne sa croûte pour donner une partie de son salaire à sa famille dans son pays d'origine et ainsi appauvrir la Belgique.

J'ai vu quantités de gens incompétents qui sont conservés dans leur fonction parce qu'ils ont le look, la couleur et les relations qu'il faut. Un employé d'origine étrangère commettant la moindre erreur de travail sera taxé d'incompétent et de nuisible au système, comme un parasite qui viendrait ralentir la réussite économique de l'entreprise. Je connais suffisamment d'adoptés compétents qui ont été licenciés sans raison apparente et remplacés sur le champ. Et pourtant, ils ont été heureux de leur adoption !

Vous dites : « Le métissage dans notre société n'est que visuel mais pas intégré. »

Le mot « métissage » est à la mode. Cela permet aux politiciens de dire : « Regardez, nous sommes une terre d'accueil pour nos amis étrangers. » Il y a certes plus de couples mixtes qu'il y a vingt ans, mais ils ne sont pas encore acceptés par la société. Souvent, le métissage n'est pas naturel : l'étranger se marie encore avec l'autochtone pour des raisons financières et obtenir une naturalisation qui lui paraît plus favorable. De plus, quand un couple de Blancs ne fonctionne pas, on dit que c'est normal, l'entourage cherche l'origine du conflit dans les différences hommes-femmes ; quand un couple mixte ne fonctionne pas, on cherche la cause du problème dans l'origine de l'étranger ! Je sais de quoi je parle…

Cela voudrait-il dire que l'adopté n'est pas considéré comme un autochtone à part entière ?

Pas autant que la société le croit. J'ai écrit à mon sujet : « Blanc sur le papier, noir pour la société. » Il faut s'armer d'une patience infinie pour se faire accepter et que les gens nous regardent avec indifférence. Bien que j'aie rencontré quelques adoptés indiens, plutôt des filles, qui me disent n'avoir pas connu le moindre racisme, avoir trouvé du travail facilement, partout et en toutes circonstances. Mais cela concerne les filles qui se considèrent comme Belges ! L'adopté a l'inconvénient d'avoir l'apparence de l'étranger sans l'être et, en plus, il n'a pas l'avantage d'appartenir à une famille étrangère qui lui servirait de référence identitaire ! Perdant des deux côtés.

L'idéal : être adopté par des personnes qui ont la même couleur que l'adopté (comme cela se passe de plus en plus en Inde) et vivre dans une société qui est tolérante. Mais la société peut être cruelle, elle est plus présente dans nos vies quotidiennes que nos parents qui peuvent nous protéger des injustices. On est seuls face à la société qui est la plus forte, car on vit avec elle et on dépend d'elle.

Vous ne pensez pas que, dans un avenir proche, le raciste va disparaître parce qu'il ne sera plus à la page du métissage, des échanges d'internet et autres moyens de communication qui arriveront à bout de cet ethnocentrisme qui n'aura plus raison d'être puisqu'il y aura de plus en plus d'échanges dans le monde ?

Je l'espère et je me bats en partie pour que mes propres préjugés disparaissent. Je voyage, j'apprends les langues, je me bats pour dire autour de moi l'importance de l'amour et de la réconciliation avec la différence. J'essaie de me fondre en l'autre tout en reconnaissant ma différence et finalement, c'est très agréable, je me libère, je rigole et j'apprends à me décentrer pour me sentir citoyen du monde. Citoyen du monde avec pour danger, du fait d'être adopté, d'être seul au monde si l'autre qui est en face de moi ne s'intéresse pas à mes différences, qui sont plus nombreuses que pour un enfant biologique. J'essaie d'apprendre la culture de l'autre, de la comprendre par curiosité, par nécessité, car il faut s'adapter ou mourir, face aux nombreux bouleversements structurels et culturels que l'on connaît actuellement.

Vous auriez préféré être adopté dans un pays multiculturel ?

En Belgique, il n'y a pas assez d'étrangers d'origines différentes. Dans certains quartiers, on y voit plusieurs centaines de nationalités, elles se côtoient, mais se fréquentent peu. Il y a des échanges, mais ils ne se voient pas assez pour que les Belges aient moins peur de l'étranger. Il y a trois blocs ou plutôt quatre : les Belges, les Turcs, les Arabes (même ceux qui ont la nationalité belge) et les Noirs. Si les Belges étaient plus accueillants, il y aurait beaucoup d'étrangers des pays du Sud qui viendraient vivre en Belgique, au-delà de son triste climat, au-delà des raisons de survie. Des amis indiens me disent qu'ils se sentent mieux acceptés aux Pays-Bas, car les Hollandais sont plus libéraux dans tous les sens du terme.

Il y aurait moins de racisme, s'il y avait une plus grande variété de cultures et on ne cataloguerait plus les gens comme Arabes, Turcs, Belges ou Noirs. Ces blocs ethniques et raciaux sont délimités par l'aspect physique pour marquer une différence. Les préjugés sont rapides et cela rassure les gens de penser que le problème vient de l'autre, de l'étranger qui devient à son tour raciste. Si j'avais été adopté dans un pays interculturel où les cultures se mélangent naturellement, sans réfléchir à leurs différences, je ne me sentirais pas étranger comme ici, c'est-à-dire catégorisé dans les profiteurs, les pauvres ou les trouble-fêtes ! À l'Île de la Réunion (qui porte bien son nom), il y a tant de mélanges de races et de rencontres interethniques que j'aurais trouvé ma place et mon identification physique et génétique aux Indiens vivant là-bas. Bien sûr, les clans ethniques existent partout, mais au moins là-bas, il y a suffisamment de passerelles pour trouver sa place et s'épanouir. Mais les Réunionnais n'adoptent pas d'Indiens, dommage !

Vous dites aussi que le racisme en Belgique est basé sur un ensemble de stéréotypes issus du passé colonial. Vous ajoutez que les manuels scolaires façonnent des petits écoliers dociles aux bienfaits civilisateurs de la colonisation et au rôle humaniste des colonisateurs.

En Belgique, les manuels scolaires ne disent rien sur le régime de fer de Léopold II au Congo. On omet de dire que la population congolaise est passée (entre 1880 et 1920) de 20 millions d'individus à 10 millions à cause des conditions de vie effroyables d'esclaves imposées par le régime colonial belge. Un des premiers génocides du XXe siècle ! Pourtant, on continue de vanter dans les manuels et les livres d'histoire le rôle philanthropique de Léopold II et de la colonisation belge. Même s'il y a eu des médecins ou des missionnaires admirables, les chiffres sont là. Le problème est que les Congolais ne sont même pas au courant de ce qui s'est passé. Tant que la Belgique n'aura pas exprimé ses excuses aux Congolais, le sentiment de supériorité du Belge sera justifié et renforcé.

Paul Valéry a dit : « Le plus profond en nous, c'est la peau. »

L'expression de la peau est très importante : la chair de poule, la transpiration, la peau qui bronze, etc. Son odeur est importante aussi. Avant qu'un raciste pense qu'un Noir est trop noir ou laid parce qu'il n'a pas de traits fins, il critique l'odeur de sa peau. Au-delà de l'impact visuel de la couleur noire, il y a des connotations négatives dans le vocabulaire : être noir, c'est être saoul, noir comme dans le cul d'un nègre, c'est sa bête noire, humeur noire, noir comme l'enfer, jeter un regard noir, une âme noire, voir tout en noir. Le noir devient symbole de la mélancolie, de la saleté et du pessimisme. On a l'embarras du choix. Même les Blancs, tellement frappés par la négativité du noir, me disaient : « Tu es brun, pas noir », justification qui montrait à quel point ils sont mal à l'aise avec la peau « noire ».

La couleur noire regroupe toutes les couleurs, le noir prend trop de place, il élimine les autres couleurs. Si les Noirs avaient les cheveux blonds et les yeux bleus, ils feraient moins peur aux Blancs. Je me souviens que, lorsqu'on me voyait à la télévision, on ne voyait que ma couleur, les autres invités étaient balayés par ma présence. Le blanc est une couleur à laquelle on prête des expressions de propreté irréprochables : blanc immaculé, blanc comme neige, etc. Le blanc perd son sens face au noir qui fascine, mais un blanc est absorbé par le noir qu'il faut éliminer à tout prix de notre regard. C'est ce qui m'est arrivé avec mes parents et avec d'autres personnes qui ne me regardaient pas ou d'autres encore qui, comme absorbés par ma couleur de peau, me jettent un regard « noir ». On peut paraphraser Tartuffe et dire : « Cachez donc ce noir que je ne saurais voir. »

CHAPITRE 7

LA CULTURE

La seule patrie, c'est le ventre de la mère. On a beau naître ici ou là, c'est elle la vraie terre. Né à Paris, je suis Américain et n'ai pas d'autre nationalité. La langue est aussi une patrie. Les bonnes consciences ne peuvent rien contre la force du sang. On ne change pas d'âme à coups de passeports, il y a l'atavisme de la civilisation. Contre cette force, on ne peut rien. C'est notre seule réalité extérieure, ce que nous avons appris. Là où je suis double, l'anglo-saxon domine. J'ajouterai à propos de l'expression de mère patrie que la naissance est un exil, et j'en reviens à notre seule vraie patrie : notre mère de sang.

Julien GREEN

Vous dites que la question de l'origine est naturelle, mais des gens s'insurgent contre l'importance accordée à l'inné.

Les partisans de l'adoption défendent l'idée de l'acquis et pas celle du sang. Je me suis fait traité de facho (on a comparé mes réactions avec les idées nazies) par une ancienne responsable de « Enfants du Monde France » parce que j'avais osé dire que je considérais ma mère de sang comme ma vraie mère et ma mère adoptive comme une étrangère. Elle ne pouvait supporter l'idée que je valorisais l'héritage de ma mère d'origine et que je remettais en question les valeurs de mes parents adoptifs.

La question des origines est importante et naturelle. Par exemple, quand un adopté est en société, il y au moins une personne bien intentionnée qui lui demandera : « Vous êtes belge, mais de quelle origine êtes-vous ? » Quelqu'un qui n'est pas adopté nous pose la question de l'origine, cela gêne l'adopté, car il n'a, à proprement parler, pas d'origine puisqu'il est belge. Cette question de l'origine est universelle, car elle est posée par des gens pour qui elle ne pose pas de problème, alors comment des adoptés d'origine indienne vont-ils nier cette origine et se prendre pour des Blancs qu'ils ne sont pas ? Plus on vieillit, plus on se rapproche de la mort, plus on perd ses repères, plus on se plonge dans le passé, dans son enfance et on rêve des lieux qui nous ont marqués. Tout cela est si évident qu'il est cruel de constater que pour beaucoup de gens, un adopté ne se pose pas de questions sur son passé, car pour eux, sa naissance commence par son adoption. Pourtant, notre passé, c'est notre protection quand on est triste ou déprimé. L'histoire de notre passé est notre consolation, notre base pour redémarrer dans la vie et dans l'avenir. Je ne dis pas non plus qu'il faut rester emprisonné dans notre passé, mais on a besoin de savoir d'où on vient pour savoir où on va. La question du sang est intéressante. Une mère adoptive de cinq enfants me disait d'un air humoristique et sûre d'elle : « Vous savez Monsieur, je ne crois pas à la question du sang. » Je lui ai répondu : « Forcément, vous n'y croyez pas, vous en avez. Quand on n'a pas de lien de sang comme moi, il est très important. »

Pour reprendre vos mots : « Quand on est adopté, on est déchiré entre deux cultures auxquelles on n'appartient pas. » Malgré cette richesse que vous considérez parfois comme une faiblesse, en quoi vous sentez-vous européen, en quoi vous sentez-vous indien ou oriental ?

L'intelligence rationnelle, l'émancipation, la responsabilité individuelle, je l'attribue à mon éducation occidentale. Mon côté extrême au niveau du rêve et de l'intériorité, l'utilisation des métaphores, le sens de la solidarité, le sens de vivre et de mourir dans un tout, l'intuition forte, l'expression de ma sensualité, de mes sentiments et des émotions, le fait d'être direct et rapidement profond, l'absence de culpabilité remplacée par une infinie politesse, ces éléments me paraissent appartenir à mes gènes indiens.

Vous croyez aux gènes indiens ?

Je crois à l'imprégnation dans les cellules de mon corps, de mon esprit, de mon âme, de ma mère biologique et de mes ancêtres, maintenant, c'est mon âme qui choisit les dominantes du caractère, les sensations, les attirances et les choix importants de mon existence.

Vous écrivez que « le rythme de vie en Belgique est un bolide sans limitation de vitesse qui s'écrase un jour contre un arbre de vie. »

Le rythme de vie européen est stressant. J'ai gardé mon rythme propre qui était lent. Si je suis lent, je ne suis pas intelligent. Si je mets du temps pour faire quelque chose, c'est parce que je suis paresseux. Quand j'étais en Inde, je vivais à mon rythme, dans un pays où il y avait du soleil. Venant d'un pays chaud, je subis le préjugé classique de la paresse des gens du Sud qui va bon train et est en plus exprimé avec humour, mais tout le monde sait que l'humour recèle une part de vérité de l'inconscient collectif qui a amassé tout au long des générations des préjugés sur les gens du Sud.

Dès mon arrivée, j'ai dû déployer des efforts incroyables pour répondre au rythme effréné des gens de ma famille et de la société en général. Ce rythme est contre ma nature, les mouvements de mon corps, le flux de la parole, et il se peut que par réaction, j'ai pris du poids pour réagir à cette violence du rythme journalier. Ce rythme effréné engendre divorces, impuissance, absence de désir, cynisme, compétition, dépressions, suicides, cancers, infarctus, toute cette vie qui vous empêche de vivre lentement et vraiment. Un adopté m'a dit que sa mère adoptive lui avait lancé : « Tu viens de loin ; là-bas, tu n'aurais pas pu faire d'études, alors qu'ici, il ne faut pas chômer. L'avenir appartient à ceux qui se lèvent tôt. » Pourtant son frère, enfant biologique de ses parents, qui se réveillait tard et était flemmard, ne subissait pas de remarques de ce genre puisqu'il appartenait à la lignée de ses parents.

On pensait qu'on lui assurerait de toutes façons la continuité de la transmission des rituels familiaux.

Comment vous en sortez-vous avec les notions d'inné et d'acquis ?

Ce qui est inné chez moi est de l'ordre du réflexe, et un réflexe qui est permanent. Ce qui est acquis est passé par le tamis de la pensée et est donc culturel.

C'est difficile dans votre cas, car vous ne savez pas ce qui est acquis et inné ? Vous ne connaissez pas vos ascendants et ne pouvez avoir de repères.

C'est dur. Tous les jours. J'ai des qualités, des compétences. J'aurais tant aimé savoir d'où me viennent certains dons comme la musique (je joue au piano des mélodies de ma composition), l'écriture, la sensibilité, la curiosité (qui est une qualité innée et non indienne), mon côté plus féminin, plus sensible et réceptif à ce qui se passe en moi, aux événements et à la relation à l'autre. Je n'ai aucune référence génétique pour m'encourager à développer ces qualités. Cela m'attriste beaucoup, mais que voulez-vous ? C'est la vie. C'est ma vie. Je me souviens qu'une amie m'avait dit : « Comment as-tu fait pour te sortir de tes problèmes identitaires et trouver un équilibre malgré tout ce que tu as vécu ? » Je lui ai répondu : « Grâce à mon intériorité. » « Ton intériorité, qu'est-ce que c'est ça ? » « C'est grâce à mon intériorité, à ma capacité d'entrer en moi, aussi dans mon corps, pour régler des problèmes de santé physique et mentale, liés à des déséquilibres énergétiques. Je vis avec une bulle de protection interne qui m'aide à être conscient de ce qui arrive en moi et m'aide à trouver des solutions. » Elle n'a rien compris ! Elle m'a dit qu'elle en était incapable ! J'ai compris alors que cette capacité d'intérioriser et d'intériorité était indienne, génétique, car non acquise par mon éducation belge. J'ai commencé à sentir ou à éveiller ce qui était inné en moi indépendamment de ce que les Indiens sont ou représentent à mes yeux. On dit que les Indiens sont plus versés dans la spiritualité et moins dans le matérialisme, j'essaie de ne pas tomber dans les clichés, car il y en a beaucoup, et de mesurer que dans chaque peuple, il y a les mêmes valeurs, les mêmes préoccupations, les contradictions, mais elles s'expriment de manière différente. L'écart qui existe entre riches et pauvres en Inde, même s'il tend à diminuer, montre bien le matérialisme exacerbé de certains riches Indiens. Par exemple, en Inde, les dépenses pour un mariage sont colossales par rapport aux mariages ici en Europe, alors que je connais de plus en plus de Belges qui veulent se marier simplement sans exposer les moyens financiers des familles et belles familles comme cela se fait en Inde.

Vous rêvez de devenir humain, beau projet !

Au-delà d'être européen et indien, je voudrais être le plus humain possible, en développant ma multiplicité, mes contradictions jusqu'à ce qu'il soit impossible de me poser une étiquette : marier les contraires, qualité qui serait, paraît-il, indienne. Peut-être que ce qui est génétique chez moi, c'est cette capacité de marier naturellement ces côtés féminin et masculin. Beaucoup de mères adoptives ont plus de facilités que les pères à les exprimer, à les « fabriquer » mais encore de sérieuses difficultés à les intégrer et à les ressentir. Chez moi, cela se fait naturellement, et je peux voir dans l'inacceptation des femmes de ma part féminine et masculine leurs propres névroses et conflits entre ces deux énergies. Une femme occidentale qui accepte ses côtés féminin et masculin sans qu'ils entrent en conflit l'un avec l'autre peut aspirer à adopter un enfant, car elle baigne dans l'universel ! Mais le chemin sera encore long !

Des parents adoptifs parlent d'une société multiculturelle, une société de métissage dans l'avenir. Qu'en pensez-vous ?

Je ne crois pas que l'adoption internationale fera disparaître le racisme et favorisera le métissage. Car beaucoup d'adoptés eux-mêmes sont racistes vis-à-vis des gens de leur pays d'origine ou des étrangers en général. C'est leur moyen de survie. Ils pensent ainsi être mieux acceptés par les gens qui les ont accueillis. C'est ce que j'ai appelé l'autoracisme. Je sens que les Européens préfèrent de loin les étrangers vivant chez eux dans leur environnement exotique que sur leur propre territoire. Ici, les étrangers restent des concurrents sérieux par leur nombre et malsains par leurs différences physiques et culturelles. Dans mon entourage, je vois aussi des gens jeunes ouverts, altermondialistes, pas racistes, curieux de voyager, d'aller vivre ailleurs, de connaître d'autres langues, d'autres cultures, des jeunes gens qui critiquent cet ethnocentrisme occidental et sont des gens agréables, frais, sains, n'appartenant à aucun groupe officiel.

Vous ne pensez pas qu'avec l'accélération des voyages, de l'immigration qui a toujours existé, des documentaires objectifs montrant la vie d'autres cultures, des confrontations continuelles de personnes de mentalités différentes, les gens vont finir par se lasser de la notion de culture et s'ouvrir naturellement aux autres cultures par curiosité et en n'ayant plus ce sentiment de supériorité par rapport à l'autre qui est différent ?

Les adolescents sont intéressants. Après leurs études, ils veulent voyager, découvrir ce qui se passe ailleurs. Ils sont moins carriéristes qu'il y a vingt ans et sont plus tolérants, mais d'un autre côté, il y a ce conditionnement progressif de la pensée unique et de la peur de l'autre. Je vois à notre époque deux types de gens : les gens qui s'ouvrent et se remettent en question et les autres qui ont peur et qui se ferment. Finalement, je pense : remets-toi en question, renouvelle-toi, développe ta créativité, sois fort, entoure-toi de gens biens, honnêtes, courageux. Mais c'est vrai que s'il n'y avait pas de racisme, je ne serais pas attaché à ma culture d'origine, car une chose essentielle dépasse la notion d'inné et d'acquis : la curiosité de connaître l'autre.

Vous ne croyez pas à l'idée de double culture acquise grâce à l'adoption ?

J'ai cru que je pourrais avoir une double culture indienne et européenne. Pourtant, la vie m'a démontré le contraire. Pour avoir une deuxième culture, il faut en avoir une première. Comme j'ai perdu ma culture d'origine, comment vais-je intégrer la deuxième culture ? Je n'ai jamais pu vivre ma culture indienne, puisque mes parents adoptifs étaient blancs. De plus, une fois qu'on est déraciné, on l'est pour toute la vie, impossible de revenir en arrière. Je peux rêver ma culture indienne, la penser intellectuellement, mais je ne peux m'enivrer d'elle dans ma vie quotidienne à travers ses rituels sensuels. Ce qui me fait dire que l'adoption, au lieu de favoriser le métissage, le supprime, puisqu'il coupe l'adopté de sa culture d'origine. De l'idéalisme du métissage, l'adopté vit l'acculturation. Les valeurs de mes parents adoptifs sont plus proches de la société d'accueil que de mon pays d'origine. Elles s'imposeront donc à moi si bien qu'il y a un choix douloureux à faire : s'adapter ou rompre avec tout.

Vous vous contredisez sur un point : vous dites que vous vous en êtes sorti grâce à vos gènes indiens et en même temps, vous parlez de chance génétique qui n'a rien à voir avec l'origine indienne.

Je pense effectivement que j'ai hérité de mes ancêtres des atouts considérables. Mes ancêtres sont indiens, en même temps, si je me vois comme un être complexe et universel, il y a d'autres éléments qui entrent en jeu que la génétique.

Pensez-vous à la culture, l'éducation, l'acquis, ces éléments-là ?

Je connais des Indiens qui n'ont rien à voir avec l'image qu'on s'en fait : ils sont matérialistes, l'argent compte pour eux au-delà de la spiritualité, le système des castes les arrange, le stress dans le travail, la compétition, la superstition. Pour moi, ils ne s'occidentalisent pas, car les Maharadjas (nés bien avant la révolution industrielle occidentale du XVIIIe siècle) n'avaient pas besoin des Occidentaux pour savourer l'argent et le luxe ! Il y a beaucoup d'adoptés indiens qui ont l'accent belge, pensent belge et n'ont pas d'ouverture d'esprit à d'autres pays, d'autres cultures. Indiens d'origine, il n'y a rien d'Indien dans leur comportement ou leur manière de sentir, d'exprimer ou de penser. Ils n'ont pas le choix. Si je suis plus indien qu'eux, c'est-à-dire plus fort, plus ouvert à la force de l'Inde et à la beauté de la vie, c'est pour une autre raison, plus profonde qui n'a rien à voir avec le fait d'être indien.

Laquelle ?

Je pense que ma mère indienne me désirait avant ma naissance et elle désirait mon père amoureusement, mon père désirait tout autant lui donner un enfant et ce lien puissant d'amour entre eux est resté en moi. Si bien que quand je déprime, je ressens le fait que j'ai été ardemment désiré avant ma naissance. Cela me donne une vision de la vie plus belle et intérieure. Peu de gens, adoptés ou pas, ont reçu cet honneur. Être désiré sans calcul de dates, sans recherche d'une quelconque reconnaissance sociale ou familiale. J'ai été vraiment adopté, désiré, pas attendu, mieux que cela : aimé avant même d'être né.

Il est impossible pour vous de vivre en Inde de manière définitive. Pourquoi ? Vous n'avez plus d'attaches familiales en Belgique. Vous reviendriez de temps en temps en

Belgique et vous seriez mieux dans votre peau d'adopté et d'Indien, car vous seriez en contact permanent avec vos racines.

Cela est séduisant. Je crois que je n'ose pas faire le pas à cause de mon âge. Un ami m'a dit : « Pour s'expatrier définitivement, il faut avoir vingt ans ou soixante ans : vingt ans parce qu'on est inconscient et soixante parce qu'on est sage. » C'est vrai que j'avais dit : « Je voudrais mourir en Inde pour boucler la boucle, pour rejoindre ma mère, mon père et mes ancêtres. » Mais j'ai découvert des affinités avec l'Espagne, sa culture, sa sensualité, sa nourriture, ses habitants. Ma petite amie est espagnole et j'ai plus de points communs avec elle et ses amis qu'avec la Belgique où la chaleur humaine, la générosité et l'élan vital de ses habitants sont en train de disparaître. Quand je mourrai, je serai dans les bras de ma mère, la vraie, et je serai le mort le plus heureux du monde !

Ne pensez-vous pas que votre situation est à envier par rapport à ces enfants nés en Belgique de parents immigrés qui sont tiraillés entre deux cultures : vous êtes relativement libre, à savoir que vous n'êtes pas obligé de pratiquer de religion et que vous parlez parfaitement le français. Vous êtes même mieux perçu que les réfugiés qui ont un problème de langue et qui sont coupés de leur famille et culture d'origine.

C'est un miroir à double face. D'un côté, il y a ces immigrés ou ces enfants de parents immigrés qui ne se sentent pas acceptés et accueillis par la société et d'un autre côté, il y a l'adopté qui est intégré dans la société et qui est bien vu par ses parents et la société *à condition* qu'il ait intégré les éléments de la pensée et du mode de vie occidental. Dans la situation de l'adopté, il y a une solitude existentielle profonde qui le marque à vie, à cause de la blessure incurable de la séparation avec sa mère, tandis que les enfants d'origine étrangère mais vivant avec leurs parents semblent reliés à leur culture, à leur famille, à leur identité. J'ai vu dans la communauté maghrébine des gestes de solidarité extraordinaires liés à leur culture et à leur religion musulmane. Je ne bénéficie pas de cette solidarité de valeurs familiales, car ma famille défend les valeurs dominantes du profit, de l'individualisme et de la compétition. Si je valorise mon appartenance à mon pays d'origine, les valeurs de mon pays d'origine, je subirai des remarques de mon entourage qui n'a jamais voyagé et séjourné dans mon pays d'origine et il me dira qu'il y existe tel et tel problème grave sans objectivité. Pour avoir une perception objective, sereine et intéressante par rapport à un pays étranger, il faut y avoir vécu longtemps et en connaître la langue pour mesurer, calibrer, affiner ses points de vue au-delà des préjugés sournoisement véhiculés par les médias occidentaux. C'est pour cela que j'encourage des parents adoptifs à adopter un enfant en restant vivre dans son pays d'origine. Comme le fait l'actrice Angelina Jolie avec son fils cambodgien : elle a construit une maison au Cambodge pour lui, et des liens familiaux et amicaux qui l'enracineront à vie dans son pays d'origine.

Pour reparler de la notion de culture, vous disiez votre attachement profond à l'Inde, à sa culture, excepté sa

tradition liée au système des castes et à la condition de la femme encore traitée en inférieure ; pourtant lors d'une émission de radio, lorsqu'on vous a demandé de choisir des morceaux musicaux ou de citer vos auteurs préférés, tous vos choix étaient européens.

Je suis reconnaissant à la culture artistique américaine et européenne. Elle m'a sauvé la vie. Quand j'étais petit, j'étais en contact avec les vieux films noirs américains des années 1940, les comédies des années 1930, j'adore la musique classique européenne qui est d'une qualité et d'une variété exceptionnelle. Je n'écoutais pas de musique indienne, je l'ai découverte vers l'âge de quinze ans. Lors de cette émission, j'avais choisi Barbara, chanteuse française d'origine juive allemande, un lieder de Richard Strauss, une chanson blues du chanteur noir Muddy Waters et une chanson de Nino Ferrer, « le Sud », plus à cause de son aspect mélodique et lyrique qu'à cause du titre.

Vos auteurs préférés ne sont pas Sri Aurobindo ou Rabindranath Tagore, Vivekananda, Salman Rushdie ou Vikram Seth.

En musique rock, mon chanteur préféré est indien : Freddy Mercury du groupe Queen. Il était indien de Mumbai. En littérature, je suis resté très classique : Pirandello, d'origine sicilienne, Kafka, parlant et écrivant allemand, mais tchèque de nationalité, et Conrad d'origine polonaise, mais parlant le français et écrivant en anglais.

Peut-être envisagerez-vous de partager votre temps entre l'Inde et l'Espagne, votre nouveau pays d'adoption ?

Qui sait ? Le temps le dira et j'irai alors sereinement dans sa direction. Il me portera là où j'irai.

ÉPILOGUE

Quand j'écris pour des milliers de personnes, s'il y en a trente qui peuvent mourir pour moi, je suis content.

Stéphane MALLARMÉ

Je voudrais vous livrer une anecdote. Je suis invité à Paris dans une émission de télévision dont le thème est : « Comment élever les enfants des autres ? » Après l'émission, je laisse mes coordonnées à la journaliste. Je reviens à Bruxelles le lendemain. Deux jours après, je reçois une lettre d'un adopté français d'origine péruvienne de vingt-neuf ans qui me relate ses difficultés. Il ne voit plus ses parents depuis des années. Il me dit avoir été touché par mon témoignage. Il me laisse ses coordonnées téléphoniques. Je le rappelle aussitôt. Je tombe sur son répondeur. Il me rappelle et cette fois, c'est moi qui suis absent ! Il laisse à son tour un message : « Je veux vous voir, j'ai votre adresse, même si vous n'êtes pas là, je viendrai et j'attendrai votre retour. » Réaction bizarre à mon sens ! Ai-je affaire à un fou ? Je ne sais comment réagir. Je lui laisse un nouveau message : « Écoutez, je reviens de mes cours en fin d'après-midi ver 18 heures, mais vous n'allez pas faire la route de Cambrai à Bruxelles et attendre que je sois là. Je serai peut être occupé ce soir. » Pas de réponse de sa part. Le lendemain, je reviens de mes cours à l'heure prévue et je vois sur le pas de la porte de l'immeuble un garçon grand, assez beau au visage bronzé, doux et souriant. Je suis rassuré : sa main est franche, ce garçon ne me fera pas de mal. Je ne veux pas le recevoir chez moi, je préfère qu'on se voit dans un endroit neutre : un joli café Art Déco pas loin de chez moi. Nous faisons connaissance. La question me brûle les lèvres : « Dites-moi, vous avez fait deux cent cinquante kilomètres sans être sûr de me voir ? Cela me paraît pour le moins étrange. » « Je devais vous voir. » « Je comprends bien, mais pourquoi cette impatience ? » « Écoutez, vous voulez que je vous le dise ? Eh bien voilà, j'ai été touché par ce que vous avez dit. » « Oui, merci, mais d'autres aussi ont été touchés, mais ils ne font pas deux cent cinquante kilomètres pour risquer de se trouver devant une porte close. Vous devez repartir cette nuit, car vous travaillez demain m'avez-vous dit. » « Oui, je savais que vous seriez là. Je voulais vous remercier. Je ne voulais pas regarder la télévision, je ne sais pas, j'ai mis la chaîne par hasard et je suis tombé sur vous, mais j'avais autre chose à faire avant de vous voir à la télé. » « Quoi donc ? » « Je voulais me suicider avec une arme à feu, elle était là dans le tiroir, j'ai regardé la télé avant de mourir et je suis tombé sur vous. Quand je vous ai écouté, je me suis dit : la vie vaut la peine d'être vécue. J'ai rangé mon arme et voilà, je suis ici pour vous dire merci. »

Pour conclure, je présente quelques suggestions pour une meilleure adoption dans l'intérêt de l'enfant.

Je préconise que l'enfant reste dans sa famille biologique ou, si cela n'est pas possible, qu'il soit adopté par des autochtones, comme le proclame la Convention de La Haye de la Protection de l'Enfant, pour éviter que l'adopté vive en décalage avec ses parents adoptifs qui trop souvent ne comprennent pas certaines de ses attitudes, une manière de penser, des réflexes comportementaux, qu'ils peuvent qualifier de bizarre ou de tare génétique. Un enfant adopté par des parents de la même origine se sentirait moins étranger à cause de la ressemblance physique. Il ne refoulerait plus sa personnalité profonde pour vivre sous une « fausse identité », mais développerait sans honte ses réflexes, sa sensualité, sa sensibilité dans un contexte familial et culturel qui valoriserait son droit à la ressemblance. Ceci lui permettrait d'avoir un sens de l'appartenance à une société plus grande et à l'histoire de l'humanité.

Au vu de mon expérience personnelle et de terrain, où j'ai observé tant de difficultés et d'expériences douloureuses vécues aussi bien du côté des adoptants que des adoptés, je propose que l'adoption plénière internationale ne soit plus appliquée et soit remplacée par la loi d'adoption simple qui existe déjà pour l'adoption d'autochtones dans certains pays européens, ou notamment à Haïti et en Polynésie. Ce système permet à l'adopté de rester en contact permanent avec sa famille d'origine tout en étant adopté par des parents européens.

Le système d'adoption simple me paraît répondre aux attentes de chacun. En effet :

– L'adopté n'aura pas le sentiment d'avoir été déraciné et « volé » en Europe, puisqu'il restera depuis son plus jeune âge en contact permanent avec sa famille et sa culture d'origine. Il aura le sentiment tout au long de sa vie de ne pas avoir été abandonné ou rejeté par sa mère biologique. Il verra son adoption comme une occasion de vivre dans un environnement géographique et économique plus favorable que dans son pays d'origine. Le retour sera plus régulier, plus flexible avec le choix ou non de l'adopté de rester vivre en Europe ou de retourner dans son pays d'origine. Le retour au pays d'origine pour l'adopté sera moins emprunt d'ambivalences, car il retrouvera pendant un laps de temps de réelles racines familiales. Il se sentira moins étranger auprès de sa mère biologique, sa famille et son pays d'origine.

– La mère biologique elle-même ne se sentira pas « abandonnante » et coupable de sa pauvreté ou d'avoir cédé à l'abandon suite aux pressions de son entourage ou d'intermédiaires véreux qui chercheront avant tout à vendre son enfant. Elle décidera ou non de donner son enfant de manière définitive, mais de lui donner la meilleure vie possible tout en restant en contact avec lui et avec sa famille adoptive. Il faut par ailleurs informer les mamans des pays d'origine des effets douloureux de l'abandon sur l'adopté après son adoption, sans la culpabiliser. La mère biologique a besoin d'amour et de soutien des proches. On devrait créer plus de structures d'accueil où elles retrouveraient confiance en elles et en leur capacité d'éducation et d'affection, phénomène qui prend de l'ampleur dans les pays d'Amérique du Sud. On ne peut que s'en féliciter. Je pense qu'enlever un bébé aux mères qui n'ont plus de ressources et le vendre ensuite en Occident me paraît une attitude culpabilisante et inhumaine. Il faut encourager l'aide sociale et pousser la mère à garder son enfant à tout prix. Qu'elle ne se laisse pas impressionner par des intermédiaires qui ne cherchent pas le bien-être de l'enfant à adopter, mais le profit pur et simple.

– Enfin, les parents adoptifs se sentiront moins investis de cette lourde responsabilité d'éduquer un enfant venu d'ailleurs. La mère adoptive n'éprouverait plus cette culpabilité d'avoir « kidnappé » le bébé adopté, d'avoir remplacé la mère biologique et d'être en compétition avec elle aux yeux de l'adopté. Beaucoup de parents adoptifs sont injustement critiqués par l'entourage, la société, et si peu soutenus par des psychologues qui les rendent coupables des difficultés vécues avec leurs enfants adoptés. Mais ils sont si peu informés sur les effets complexes de l'adoption sur l'adopté.

Par ailleurs, si l'adoption simple ou plénière est appliquée :

– Je soutiens l'idée que les futurs parents adoptifs (idéalement n'importe quel parent) devraient effectuer une thérapie pour travailler leur propre insécurité, leurs propres problèmes d'abandon, de perte, de colère, le deuil de la fertilité, ceci pour comprendre davantage les problèmes vécus par les adoptés, même s'il faut accepter que ces problèmes ne seront jamais complètement résolus. Je trouve que le statut économique reste trop souvent le premier critère de sélection des parents adoptifs. On doit déceler leur compréhension profonde de la différence vécue par l'adopté et leurs aptitudes humaines pour assumer cette lourde responsabilité.

– Je conseille également aux adoptés de travailler sur eux-mêmes pour prévenir le déni de leur abandon, les dépressions, les problèmes affectifs et comportementaux dans leurs relations familiales, sociales, amicales et amoureuses.

Ainsi, on peut espérer dans un avenir proche que les adoptés et les adoptants seront mieux écoutés et reconnus par l'entourage, le pays d'accueil et le pays d'origine, encore fort ignorants en la matière. Qu'on se le dise : l'adoption est un phénomène complexe, en ce sens où des perceptions très variables sont défendues ardemment par chacun. C'est un des rares domaines des relations humaines où chacun a tort et raison en même temps. Il est important de confronter ces opinions contradictoires tout en ayant à l'esprit que ce qui est vital, ce n'est pas l'intérêt des parents adoptifs, des responsables d'organismes d'adoption, des intermédiaires ou des parents de naissance, mais celui de l'enfant dont la compréhension profonde mènera à moins de douleurs et de malentendus, et à plus d'amour, de respect et de compassion au sein de la famille, ces grands oubliés de la société actuelle.

Bruxelles, le 31 janvier 2007

Table

Cet ouvrage a été composé par
Atlant'Communication
aux Sables-d'Olonne (Vendée).

Achevé d'imprimer sur les presses de l'imprimerie
France-Quercy à Mercuès (Lot)
en janvier 2007

N° d'impression : 70073
Dépôt légal : février 2007
Imprimé en France